DAS BUCH DER EROBERUNGEN

JIM FITZPATRICK

Paper Tiger

Für meine Mutter Lily O'Connor Fitzpatrick

Titel der englischen Originalausgabe:
The Book of Conquests

Übersetzung: Michael Löschner, Nürnberg
Satz: Cicero Lasersatz GmbH, Dinkelscherben b. Augsburg
Druck und Bindung: Kyodo Printing Company Ltd.

Printed in Singapore

ISBN 3-89604-011-1

INHALT

Einleitung

Die Literatur des alten Irland wurde als „früheste Stimme aus der Dämmerung der europäischen Zivilisation“ bezeichnet.

Unglücklicherweise sind viele dieser Schriften verloren gegangen, nur wenige Manuskripte haben Kriege und Katastrophen überdauert.

Die frühe irische Literatur läßt sich in vier Gruppen oder Zyklen unterteilen:

1. Der frühe mythologische Zyklus
2. Der Zyklus von Ulster
3. Der Zyklus der Fenians
4. Der historische Zyklus

Die Hauptpersonen des frühen mythologischen Zyklus gehören der Tuatha Dé Danann (dem Geschlecht der Göttin Danu) an. Sie werden für eine göttliche Rasse gehalten, die Éireann (Irland) vor der Ankunft der Kelten bewohnt haben soll.

Im Zyklus von Ulster werden vorwiegend die Heldentaten von Cúchulainn und König Conchobor mit den Kriegern des roten Zweiges behandelt.

Der Zyklus der Fenians stellt sich aus den Legenden über die Taten des großen Finn MacCunaill, seinem Sohn Oisin, Connan Goll, Oskar und den Kriegern der Fianna zusammen.

Der historische Zyklus enthält vielseitigere Geschichten über die verschiedenen hochherrschaftlichen Könige und ist zwischen dem 3. Jahrhundert v. Chr. und dem 8. Jahrhundert n. Chr. angesiedelt.

Das Buch der Eroberungen ist dem frühen mythologischen Zyklus entnommen und befaßt sich mit der Geschichte von Tuan, der Ankunft der Tuatha Dé Danann und der ersten Schlacht von Moy Tura.

In den Anfängen wurden die Geschichten mündlich überliefert. Es war schon damals schwierig festzustellen, ob es sich bei den Tuatha Dé Danann um Menschen, Dämonen oder Götter handelt.

Das älteste erhaltene Manuskript ist Lebor na h Uidre (Das Buch des geforderten Rindes), das um 1100 niedergeschrieben wurde. Es enthält die Geschichte von Tuan, in der über den Ursprung der Tuatha spekuliert wird. Wie es heißt, wußten es nicht einmal die gelehrtesten Männer sicher zu sagen, doch Weisheit und Tapferkeit dieser Rasse deutete auf eine himmlische Abstammung hin.

Die heldenhaften Tuatha Dé Danann sollen zwei Schlachten bei Moy Tura ausgefochten und gewonnen haben. In der ersten besiegten sie die Fir Bolg, in der zweiten jagten sie die Fomor in die Flucht.

Nach T. F. O'Rahillys Arbeit „Early Irish History and Mythology“ existierte die Geschichte der ersten Schlacht von Moy Tura lange vor der zweiten, für die sie als Vorlage gedient haben soll. Nach O'Rahillys Meinung basiert die Erzählung von der Schlacht auf überlieferten Geschichten, die sich um ein reales historisches Ereignis rankten: Die Fir Bolg erlitten im nordöstlichen Connacht eine schwere Niederlage.

Als Ort der beiden Gefechte nennt O'Rahilly Moytirra (Ost und West), zwei aneinandergrenzende Gemeinden im Sprengel von Kilmactranny nahe Lough Arrow, County Sligo.

Sir William Wilde – der Vater von Oscar Wilde – vermutete, daß der Ort des ersten Gefechts aufgrund der vielen keltischen Steinhügel und primitiven Monumente, die sich dort noch immer finden lassen, in der Nachbarschaft von Cong, County Galway gelegen haben müßte. Er war sich irgendwann sogar so sicher, daß er sein Haus, daß er in der Nähe von Cong gebaut hatte „Moytura House" benannte.

Die späteren keltischen Eroberer von Irland verehrten die Tuatha Dé Danann als Götter, nach erhaltenen Manuskripten zog sich diese Anbetung noch bis ins 15. Jahrhundert hinein. In „Lebor Gabála Éireann" (das Buch der Übernahme von Irland), das auch als das Buch der Invasionen bekannt ist, findet es der Poet – vermutlich ein christlicher Schreiber um 1100 – notwendig, folgenden Kommentar abzugeben: „Obwohl er sie auflistet, verehrt er sie nicht."

In frühen Zeiten wurden die traditionellen Sagen wie die Geschichte von Tuan, die Ankunft der Tuatha Dé Danann und die erste Schlacht von Moy Tura durch die Druiden von Generation zu Generation weitergegeben. Es hieß bei den vorchristlichen Kelten in Irland, daß Segen nicht nur über die kommen würde, welche die Geschichten gewissenhaft überlieferten, sondern auch über die, die den Sagen zuhörten.

Es ist unmöglich festzustellen, wie sehr sich die Geschichten durch das ständige Weitererzählen verändert haben; doch es gibt Anzeichen dafür, daß die Traditionen mit größter Sorgfalt weitergegeben wurden. Im Kolophon der Táin Bó Cuailnge – der größten aller irischen Sagen – wurde in der christlichen Niederschrift des 12. Jahrhunderts („The Book of Leinster") folgendes angeführt:

„Gesegnet seien all jene, die die Tain mit größter Redlichkeit in ihrer Form erinnern und nichts weiteres hinzufügen."

In einem zweiten, in lateinischer Sprache abgefaßten Anhang (der wohl auch stärker durch das Christentum beeinflußt worden ist), liest man allerdings eine deutliche Warnung davor, die heidnischen Inhalte für allzu glaubwürdig zu halten:

„Ich, der ich die Geschichte – oder besser eine Geschichte – aufgeschrieben habe, gebe nicht allzuviel darauf. Etliches hierinnen ist teuflisches Blendwerk, manches poetische Dichtung, manches wahr und manches auch nicht, und manches nur zur Unterhaltung von Narren."

Die alten Kelten waren ein zivilisiertes Volk von Kriegern mit streng strukturierter sozialer Organisation. Ihre Religion wurde von den Druiden bewahrt, die außerdem autoritär über das Erbe ihrer Heldenlegenden und -sagen wachten. Auch heute noch werden diese Geschichten und die alten Künste von Barden und Musikern in Donegal, Cork, Kerry und überall sonst im Westen von Irland am Leben erhalten.

Es war am Lagerfeuer in Clare, wo ich als Junge die Geschichten der Shí oder des Elfenvolkes – wie die Tuatha Dé Danann heute genannt werden – hörte. In diesen Legenden meiner Heimat hätte sich genügend Material gefunden, um ein ganzes Dutzend an Büchern über Mythen und Folklore zu füllen.

Die Geschichten wurden über Generationen von Erzählern oder „Seanchaí", wie sie in unserer Sprache genannt werden, weitergegeben, doch sie endeten immer mit den traditionellen Worten:

„Dieses war meine Geschichte. Falls auch nur eine Lüge darin enthalten gewesen sein mag, so sei es! Ich war es nicht, der sie erdacht hat."

Ein solch großer Respekt vor den Traditionen hat den Westen von Irland und die Inseln zu einem Füllhorn von Legenden werden lassen, in dem der Hörer oder Leser einen kurzen Blick auf längst vergangene Welten und die verschwommenen Umrisse eines großen Zeitalters werfen kann.

Goldene Bilder der längst vergangenen Reiche werden in der Geschichte von Tuan, der Ankunft der Tuatha Dé Danann und der ersten Schlacht von Moy Tura heraufbeschworen – drei großartige Geschichten, die den ersten Band des Buches der Eroberungen bilden.

Um die Geschichten verständlich erzählen zu können, empfand ich es als Notwendigkeit, offensichtliche Lücken in den Originalberichten zu füllen. Ich habe dies nach bestem Wissen und Gewissen versucht und mich dabei an Manuskripte und andere glaubwürdige Quellen gehalten (s. Seite 110).

Ich habe die Erzählung ausgeschmückt, wenn ich es für erforderlich hielt, die endlose Heldenliste ein wenig gekürzt und vieles von den ritualisierten Repetitionen und Konventionen vermieden, die dem modernen Leser, der nicht mit den Traditionen mündlicher Überlieferungen vertraut ist, schnell auf die Nerven gehen könnten. Ich habe Tuan als Bindeglied verwendet, als Resonanzkörper für Mythen und Legenden und habe mich so an die Abfolge der Ereignisse gehalten, wie sie in der Geschichte von Tuan und Lebor Gabála Éireann beschrieben wurden.

Bisweilen habe ich zur Vermeidung von Verwirrungen aus zwei belanglosen Charakteren einen gemacht und die Rollen anderer, wichtigerer Personen – wie Nuada, Streng oder Eochaí – stärker betont.

Wie W. B. Yeats es in seinem Vorwort zu Lady Gregorys „Gods and Fighting Men" darstellte: „Im Gälisch sprechenden Irland konnte ein Künstler sein Material nicht nur gewinnen, wo und wie immer es ihm in den Sinn kam, sondern er konnte immer auch ein wenig zu etwas hinzufügen, was über Generationen erfunden wurde – und so entstand eine sehr populäre Literatur."

Mein Material wurde vor langer Zeit für mich erdacht; ich kann nur hoffen, daß ich ihm mit meiner Erzählung zur Ehre gereiche.

Jim Fitzpatrick, 1978.

Lebor Gabála

TEIL I:
Die Geschichte
von Tuan

Ich bin Tuan
bin Legende
bin Erinnerung, die Mythos ward.

Mein ist die Stimme, welche die Geschichte erzählt. Niemals wird sie wahr erzählt, es sei denn von mir. Denn nur ich konnte die Worte aus den geheimen Tiefen meines Herzens und meiner Seele erheben.

Dies ist meine Geschichte.

Geboren als Kind des goldenen Zeitalters,
Sprach ich zuerst in den unschuldigen Worten
der Menschen,
Doch um hinter alle Geheimnisse der Zeiten
zu schauen,
Lauschte ich dem Flüstern uralter Zünfte.

Ich lebte mein Leben in vieler Gestalt,
War Mensch und Tier, Himmel und Meer,
Ich starb und wurde noch öfter gebor'n,
als ich mich wahrhaftig erinnern kann.

Ich war Zeuge von Dingen, die sich die
Weisesten nie hätten träumen lassen,
Ich habe meinen Fuß dort gesetzt, wo die
Träume der Menschen schon lange endeten.

Ich lebte durch das finsterste Erdenalter,
Als die Barbarei finstere Schatten warfen,
Goldene Städte taumelten unter wilder See,
Und schlafende Bestien kamen aus der Tiefe.

Und alle braven Menschen gingen unter,
Und das Böse änderte den hellen Tag
In unendliche Nacht. Die Kinder der Erde,
Verloren in Finsternis, bedroht vom Tod.

Ich, Tuan, der ich einst war König,
Verbarg mich in der Maske vieler Tiere
Und versperrte die Sprache der Menschen
In der Festung meines Herzens.

Ich bin Tuan,
Ich bin Legende,
Bin Wächter des Mutes und aller Träume.
Viele haben meine Geschichte erzählt, doch
Nur ich bin der Bewahrer dieser Berichte:

Die Sage der ersten Schlacht von Moy Tura
und die Entdeckung der Tuatha Dé Danann.

JIM FITZPATRICK

1. DIE GESCHICHTE VON TUAN

Ich, Tuan, war einst ein weiser und bekannter Mann. Ich war der Weiße Vater, der Anführer des Stammes von Cessair, den ersten Menschen, die im grünen und fruchtbaren Éireann weilten.

Ich lebte in Frieden, bis die große Flut meine Rasse ertränkte und mich als einzigen Begleiter von Vogel und Tier zurückließ; allein in einem Land, das fremd und öd geworden war.

Für 22 Jahre zog ich, Tuan, nun Anführer ohne Stamm, durch Verwüstung und verlassene Festungen, suchte nach Schutz vor den Wölfen und mied die marodierenden Banden von Fremden, die Ufer heimsuchten, welche einst mein gewesen waren.

Dann kamen Partholón und seine Leute, kräftige Männer von anmutigen Taten und sanftem Wesen. In Frieden lebte ich unter ihnen, bis eine grausame Pestilenz alle von ihnen dahinraffte. Einmal mehr war ich der Überlebende, war der Bewahrer einer neuen Geschichte, sowohl gesegnet wie verflucht unter den Menschen: Tuan, der Weiße Vater.

Meine Kraft verließ mich und ich wurde grauhaarig, mit langen Krallen, nackt und jämmerlich in meinem Alter. Mein eigener Schatten erschreckte mich. Das Geräusch eines fliegenden Vogels oder das Knacken eines Zweiges ließen mich in meiner Schwäche erschauern.

Die Kreaturen des Waldes spürten meine Anwesenheit und wußten, daß ich allein war. Wölfe suchten meine Behausung heim – furchtbare Schatten, lautlos und grau. Sie trieben mich von den ruinierten Festungen in die Wälder, von den Wäldern zu den Klippen.

Es gab keine Kreatur, die so schwach gewesen wäre, daß sie mich nicht hätte schrecken können. Es gab keine Kreatur, die so furchtsam gewesen wäre, daß sie mir nicht hätte ins Angesicht sehen können. So lernte ich, als Tier zu leben, und vergaß alles, was ich als Mensch gewußt hatte. Ich konnte schleichen wie ein Wolf, laufen wie ein Eber. Doch tief in meinem Inneren vermißte ich die Gesellschaft von Menschen, Stimmen, die meinen Namen riefen, Hände, die sich nach mir ausstreckten.

Eines Morgens, als ich vom Hügel über meiner Höhle Ausschau hielt, näherte sich eine Flotte dieser schützenden Insel. Mein Herz sprang vor Freude, als die großen Vorschiffe das Land umrundeten. Ich folgte ihnen auf den windzerklüfteten Felsen und sprang von Klippe zu Klippe .

Als die Schiffe vor Anker gingen, hielt ich inne, um mich zu beruhigen. Ich kroch zu einem Tümpel, um zu trinken, und sah mein eigenes Spiegelbild im schimmernden Wasser.

Ich sah, daß ich haarig und nackt war. Krallen bogen sich von meinen Fingerspitzen und von meinen Füßen ab. Kein Anzeichen für meine Menschlichkeit war geblieben. Ich benahm mich wie der Bruder der Tiere, nicht der Helden. Ich sah und ich weinte.

Auf den verblichenen Segeln hatte ich die Schlange und den Stab gesehen – die Zeichen der Sippe meines Vaters – und doch wagte ich nicht, mich ihnen zu nähern.

Ich verbarg mich in meiner Höhle, und Trübsal kam in mein Herz. Doch ich konnte nichts tun, als mein Elend gegen die Erde und in den Himmel zu schreien. Nur die Echos antworteten auf meine Verzweiflung.

Dann kam ein entsetzlicher Sturm auf, die Flotte wurde hin und her geworfen, als ob der Atem eines Riesen mit ihr spielen wollte. Die Wogen hoben die Boote bis in den Himmel, der Wind nahm sie auf wie Herbstblätter und zerschmetterte sie an den Klippen. Scharfe Felsen und schwere See brachen die Schiffe auf. Stürme schossen vom Himmel herab, als wolle ein Gott sich mit spitzen Speeren aus Blitzen und Pfeilen aus Donner einen Weg durch die aufgelaufenen Sturmwolken bahnen.

Der einsame Schutz meiner Höhle war mir Trost, als ich ansehen mußte, wie die Langschiffe wie Streichhölzer zerbarsten und ihre menschliche Ladung verschütteten.

Über das Tosen und Donnern des Sturmes legte sich ein entsetzliches Geräusch, dünn und fern, als käme es aus den Tiefen des Meeres: Es waren die Schreie der Ertrinkenden, die nach ihren Göttern riefen und um ihre Liebsten weinten. Da überkam mich große Trauer, das Grauen dieser Nacht legte sich schwer auf mich und preßte mich in dunklen Schlaf.

Ich schlief für viele Tage und trieb umher im Land der Träume. Ich sah, wie sich meine sterbliche Hülle von einem alten Mann in ein Tier verwandelte: In meinen Träumen wurde ich zu einem Hirsch. Durch die Schwere des Schlafes spürte ich den Schlag eines neuen Herzens, die Kraft von jugendlichen Sehnen und Muskeln.

Ich erwachte von meinem Schlaf,
Ich wurde zu meinem Traum,
Ich, Tuan, war ein Hirsch.

Ich war wieder jung und mein Herz war frei. Meine Glieder waren von der Schwächung durch Alter und Krankheit befreit. Ich sprang in wilden Sätzen, die Luft umspielte mich, und der Boden bebte unter mir.

Ich erhob mein Geweih, um die aufgehende Sonne zu begrüßen. Als der Morgen die schneeweißen Wolken in feuriges Rot hüllte, sang ich von der Ankunft von Nemed und meinen eigenen Verwandlungen:

Ich bin Tuan,
Ich bin Legende,
Ich bin der Hirsch mit mächtigem Geweih.
Mein Fell ist fest und rauh und rot,
Ich war frei im Land von Éireann,
Von der Landspitze aus sehe ich das Morgenrot,
Und singe von der Ankunft Nemeds.

JIM FITZPATRICK

Es waren Nemed und seine Sippe, die mit der großen Flotte nach Éireann gekommen waren; von seinen 34 Schiffen waren nur neun dem Sturm entkommen und landeten auf unserer geweihten Insel.

Doch Nemeds Zeit war eine Zeit des Leides; seine Männer wurden von einer fremden Rasse gequält, den Fomor – dunkelhäutigen Barbaren, angeführt von ihrem Magier-König Balor of the Evil Eye und seinem Kriegsherrn Conann, the Conqueror.

Ich, der stolze Hirsch, war frei, doch die Männer von Nemed, meine Männer, waren gefangen.

Mutig erhoben sie sich gegen ihre Unterdrücker. Sie kämpften drei furchtbare Schlachten und trugen den Sieg davon, aber in der vierten wurden sie geschlagen und ihre Armee wurde von den Fomor in Stücke gerissen. Arthur, Nemeds Sohn, wurde von Conann erschlagen. Das Schicksal brach des Vaters Herz und bald darauf verstarb auch er. Aber erst der letzte große Kampf, die Schlacht von Conanns Turm, zerstörte beide Rassen. Ihre Rage war so groß, daß sie nicht mit ihrem Töten innehielten, bis auf beiden Seiten nur noch wenige übrigblieben.

Die kleine Gruppe der Fomor, die überlebt hatte, segelte mit Balor of the Evil Eye zurück nach Afrika. Die von den Nemedianern am Leben geblieben waren, wurden von der geweihten Insel Éireann aus in alle vier Winde zerstreut. Fergus the Half-Red, Sohn von Nemed, segelte zum Land hinter Éireann, gab ihm den Namen seines Sohnes, Britain, und siedelte sich mit seinem Clan an.

Ich, Tuan, wurde alt als Hirsch, doch mit dem Alter erwartete mich ein weiterer Wandel, und ich schlief.

2. DIE EROBERUNG DER FIR BOLG

Ich, Tuan, erwachte in einem leeren Land aus goldenen Träumen; es war hartgefroren vom Winter und weiß vom Schnee.

Einst war ich, der königliche Hirsch, in der Brise des Meeres gelaufen; kraftvoll wie ein Sturm, unermüdlich wie die Gezeiten.

Ich sang von Schönheit und Tugend, von leuchtenden Augen und goldenen Locken, den Wagen der Könige und dem Schmuck ihrer Frauen.

Und abermals war das Land leer und die Hügel still. Ich hatte alle Leichtigkeit und Grazie verloren. Ich erwachte als Keiler, mit scharfen Hauern und gelben Zähnen, um meine Beute zu zerreißen. Meine schwarze Mähne aus Borsten war so hart und hoch, daß ein Apfel darauf stecken bleiben und verrotten würde. Aber ich war wieder jung und ich war glücklich. Ich war König der Schwarzwildherden von Éireann, machtvoll und stark, und ich fürchtete nichts.

Während ich, Tuan, geschlafen hatte, war eine neue Rasse von Menschen erschienen, um meine wilde Festung zu stören. Fremde Sprache hallte von tauben Felsen wieder. Es waren die Fir Bolg, angeführt von Eochaí, ihrem König. In Griechenland waren sie geboren, in jenem fernen Land, in das ihre Väter, die Kinder von Nemed, nach der Schlacht von Conanns Turm geflohen waren.

JIM FITZPATRICK

Eochaí war ein würdiger Regent und ein guter Mensch, er hatte den Titel des Hochkönigs länger gehalten als jeder andere vor ihm. Das Land blühte, Kinder wurden geboren, Krieger und Bauern teilten ihren Stolz über Éireann. Doch eines Tages sah ich, Tuan, der heimliche, von meiner Warte, wie sich der Himmel über dem Land verdunkelte.

3. DIE VISION VON EOCHAÍ MAC ERC

Dieses sollte der letzte Winter von Eochaís Regentschaft sein. Die Tage des Königs von Éireann wurden durch Gerüchte über eine mächtige Flotte, geführt von Balor of the Evil Eye, über schwarze und grüne Segel, die in der westlichen See die untergehende Sonne verfinstern, getrübt. Als besorgter Führer seiner Männer wurde sein Schlaf durch seltsame Visionen heimgesucht. Mit traurigem und furchterfülltem Herzen rief Eochaí nach seinem weisen Ratgeber.

Der Magier César kam zu seinem König, Eochaí sprach:

„In meinem Traum erhebt sich ein gewaltiger Schwarm schwarzer Vögel aus den Tiefen des Ozeans. Sie kommen über unser Land, sie reißen das Fleisch mit scharfen Schnabelhieben aus unseren Körpern und kämpfen mit unseren Männern. Aber einer unter uns erhebt sich und schneidet eine Schwinge vom Edelsten von ihnen.

Ich sah Abgründe, gefüllt mit den Leichen der Gemetzelten. Die Flüsse färbten sich rot und die schwarzen Vögel setzten sich auf Berge aus Totenschädeln und zerborstenen Knochen.

Nun kennst du meinen Traum, César. Nutze deine geheimen Kräfte, um ihn zu entschlüsseln."

César tat, wie ihm geheißen war. Er erforschte die Geheimnisse, die dem König im Schlafe übertragen worden waren.

„Nur Trauriges kann ich berichten, mein König. Über das Meer werden Krieger der Sippe von Nemed nach Éireann ziehen. Sie kommen mit einer großen Flotte. Tausend Helden in Schiffen mit bunten Segeln und rabenflügelige Kriegshexen segeln mit dem Wind und den Lüften, so wie es die Vögel tun, und bringen den Tod.

Eine große Herzensangst überkam den König. Seine Worte waren schwer und voller Sorge. „Es sind Männer von unserem eigenen Blut, Söhne von Nemed, die als Feinde nach Éireann kommen. Mein Traum ist die Vorhersage eines furchtbaren Kampfes unter Verwandten."

Und so kam es, daß César den Traum von Eochaí verkündete, der von der Ankunft der Tuatha Dé Danann sprach und von der ersten Schlacht von Moy Tura.

Lebor Gabála

Teil II: Die Ankunft der Tuatha Dé Danann

1. DIE ANKUNFT DER TUATHA DÉ DANANN

Ich, Tuan, vernahm das Echo von Eochaís Worten und hielt sie fest im Herzen und im Geiste. Dann kam eine große Müdigkeit über mich, und ich verspürte den Schmerz des Wechsels. Ich begab mich zurück in meine Höhle in Ulster, um die Geburt abzuwarten, die der Tod bringen würde.

Die Nächte wechselten von Sommer zu Winter, jedoch ich durchschlief alle.

Dann wachte ich eines Morgens auf und kreiste hoch oben in klarer, blauer Luft. Ich war wiedergeboren. Ich, der ich König der Heide und des Geruchs der Erde gewesen war, wurde zum Herrscher des Himmels.

Ich war jung,
Ich war der Herr des Himmels,
Ich war der große Seeadler,
Nun beherrschte ich die Lüfte.
Ich bin Tuan,
Ich war einst ein Mensch,
Jetzt bin ich der große Seeadler;
Ich kreise über den Bergen, über stürmischem Meer,
Ich schweben sanft durch Täler und Wälder,
Ich stürze im Fluge die Klippen hinab
Und überlasse meinen Schatten allein dem Wind.
Ich bin unerwartet, ich bin schnell.
Mein Körper zittert vor Beglückung.

Ich bin Tuan.
Ich bin Freude.
Dies ist meine Geschichte.

Am Abend des Baltine, des heiligen Festtags des Sonnengottes Baal, stieg ich, Tuan, der große Seeadler, vor der Sonne auf und segelte durch die klaren Lüfte über Connemara.

Gewitterwolken lasteten schwer auf den Bergen, seltsamer Nebel stieg von Seen und Flüssen auf und verbarg das Antlitz des Landes vor den Blicken der Fir Bolg und Eochaí, ihrem König.

Selbst ich, Tuan, fühlte den kalten Herzschlag der Furcht, als der Himmel bleich wurde. Ich stieg über die verhängnisvollen Nebelschwaden und als ich die Wolken durchbrach, da sah ich sie.

JIM FITZPATRICK

Sie segelten im Winde über den purpurnen Bergen von Connemara, in den Lüften über den roten Hügeln von Rein: eine gewaltige Flotte.

Eingehüllt in einen Hauch der Magie, getragen von den stürmischen Winden, kamen die Tuatha Dé Danann in ihren mystischen Großschiffen, die mit Rabensymbolen versehenen Segel voll gebläht.

Niemand unter dem Dach der Sterne kennt die Wahrheit. Niemand weiß, ob sie vom Himmel oder von der Erde waren, Söhne von Dämonen oder Söhne von Menschen.

Ich, Tuan, war Zeuge ihrer Ankunft.

Auf meinen starken Schwingen flog ich mit den verzauberten Schiffen und sang mein Begrüßungslied.

Nun schlug Stolz, nicht Furcht, in meinem Herzen, im Rhythmus des Trommelschlages der Ruder. Leuchtende Standarten und seidene Banner, bunt wie alle Blumen der Welt, wehten von den Mastspitzen.

So sah ich die Ankunft der Langschiffe der Tuatha Dé Danann in den Tälern von Connacht. Jedes war behängt mit magischen Schilden, und die Seiten waren mit Runen und Zeichen bemalt. Die Sonne, die sich vor den Fir Bolg verborgen hatte, stieg hoch hinauf, um die Waffen dieser bemalten Fremden mit einem Hauch von Feuer und Leben zu versehen. Denn die Schiffe mit den schwarzen Segeln kamen nicht aus dem Reich der Toten, sondern sie wurden von der Kraft und den magischen Fähigkeiten sterblicher Menschen angetrieben, von Helden, wie sie nie zuvor und niemals wieder im Land von Éireann gesehen wurden.

Eintausend Helden und ihr Gefolge kamen mit dieser Flotte nach Éireann. An ihrer Spitze stand ein Krieger-König, ein Riese mit flammendem Haar, der gegen die Sonne aufragte. Sein rotgetupfter Mantel flatterte im rastlosen Wind. Es war Nuada, König der Tuatha Dé Danann.

Ich, Tuan, Adler und Bewahrer der Legenden, flog mit Nuada und seinen Langschiffen über die purpurnen Berge von Connemara bis zu den Roten Hügeln von Conmaichne Rein in Connacht.

2. DIE RUHMESLISTE DER TUATHA DÉ DANANN

Nuada, König der Tuatha Dé Danann, wendete seine wachen, klaren Augen zu den grünen Tälern seiner angestammten Heimat und dankte seinem Gott, der Sonne.

Ein Riese unter Menschen, ein Held unter Unsterblichen, so stand er gegen die aufgehende Sonne. Sein feuerrotes Haar war mit weißen Spitzen versehen, so wie es in seiner Sippe Brauch war. Er war gekrönt mit dem heiligen Schlachthelm der Tuatha Dé mit silbernen Hörnern und eingravierten Zeichen des Ranges und der Rasse.

Zu seiner Rüstung von Gold und Bronze trug er eine Robe in den Farben Rot, Ocker und Braun. Sein roter Mantel wollte eins werden mit Himmel und See. Und so kam Nuada mit seinen Männern aus der Sonne, die ihr Antlitz in dunklen Wolken verborgen hatte. Und so führte der König seine Mannen von den Tuatha Dé Danann zurück in das Land ihrer Vorfahren, das Land von Nemed dem Großen, und sie brachten heilige Schätze, verziert mit den magischen Insignien all ihrer angesammelten Weisheit und Fertigkeit mit sich: Sonne, Pflug und Haselnußbaum.

Die, die Nuadas Herz am nächsten standen, waren:

Breas the Beautiful, berühmt für seine Schönheit, aber unversöhnlich im Geiste und arrogant in seinem Gehabe.

Dagda, der Übervater, von gewaltigem Umfang, großzügig, wohltätig und weise.

Aengaba of Lochlan, Prinz der Nordlande und Krieger der eisigen Wüsten.

Die zwölf Söhne von Gabhran, König von Skythia, schwarzmähnige Leibwächter für Nuada, loyal und furchtlos, treu bis in den Tod.

Lughai und seine drei Brüder, Söhne von Nuada.

Eine gewaltige Macht in seiner Begleitung waren die dreifältigen Schwestern, die Badb: Macha, Mórrigan und Nemain; Kriegshexen, die unbesiegbar im Kampfe, gleichwohl verführerisch und erschreckend in ihren beiden Erscheinungsformen waren, der wunderschönen Weiblichkeit und der gefräßigen Kampfesharpyen.

Ich, Tuan, nahm sie alle unter den schützenden Schatten meiner Schwingen, ihre Schönheit, ihre Anmut, ihr Ungestüm, ihre Tapferkeit.

Denn sie sind meine Legende,
Meine Erinnerung, die Mythos ward.
Willkommen in Éireann sang ich,
Hoch gegen die Sonne.

Nuada blickte auf Éireann, sein erster Blick auf das legendenumwobene und vielbesungene Land seiner Väter.

Er hatte einen langen Weg aus dem Exil zurücklegen müssen, hatte den erschöpften Geist seiner Männer durch viele Stürme und über eisige Wellen gebracht. Nun träumte er von hohen Hallen für seine Leute, von Speisen und Wein in goldenen Bechern, von den Liedern der Poeten und den sanften Worten der Frauen. Doch er wußte, daß dies nur kümmerliche Träume bleiben konnten, und daß Mühsal mit größerer Sicherheit auf Erden herrschte als Freude.

Schnell verschloß er Hoffnungen und Ängste tief in seinem Herzen, denn er wußte auch, daß sich ein weiser Mann in Geduld üben muß und sich niemals allzuschnell mit Erfolg oder Sieg rühmen darf.

Denn auch wenn sie mit den Waffen der Magie und der sterblichen Kraft der Menschen gekommen waren, so wußte Nuada, daß den Tuatha Dé noch lange nicht der Frieden und die Sicherheit im Lande Éireann, das da sanft und vielversprechend im Schatten ihrer Schiffe lag, gewiß waren.

3. EOCHAÍ SENDET STRENG ZU EINER UNTERREDUNG MIT DEN TUATHA DÉ

Die Fir Bolg hatten nichts von der Ankunft der Tuatha Dé Danann gesehen, denn der Nebel des Schicksals lag dicht auf ihnen und dem Land um sie herum. Freund und Feind blieben vor ihnen verborgen, bis eine Meldung über eine große Menge vorgebracht wurde, die sich zwischen den roten Hügeln von Rein versammelt habe, umgeben von starken Befestigungen, scharfen Pfeilern und spitzen Steinen.

JIM FITZPATRICK

So erfuhr Eochaí von der Anwesenheit der Tuatha Dé Danann, und er wußte, daß die Zeit für die Erfüllung seiner Vision gekommen war.

Er rief seine Anführer nach Royal Tara und sprach zu ihnen:

„Wir wissen nicht, wer diese Männer sind, noch kennen wir ihre Kraft oder ihre Absicht. Du, Streng, unser Bester, mache dich auf nach Connacht. Du bist kühn genug, um eine Heerschar auszuspionieren und Fremde herauszufordern. Du bist stolz, stark und furchtgebietend anzuschauen."

Streng erhob sich langsam aus den Schatten der großen Halle der Heerscharen und nahm wortlos seinen bronzeumfaßten und verzierten Langschild, seine beiden dickschaftigen Wurfspieße, sein mit einem Knochengriff versehenes, todbringendes Schwert, seinen vierkantigen, bullengehörnten Kriegshelm, seine scharfgewetzte Streitaxt, seinen ehernen Morgenstern von der Wand und zog sein gepanzertes Kettenhemd an.

Seine Augen leuchteten grimmig, sein flachsfarbenes Haar floß bis über die Schultern, als Streng Royal Tara neunmal umrundete. Dann sagte er seinen Geliebten Lebewohl und machte sich auf den Weg nach Conmaichne Rein in Connacht.

Viele Tage reiste Streng durch die ausgedehnten Forste und Eichenwälder von Éireann. Er wanderte über die geheimen Plätze, die ihm seit Kindestagen vertraut waren, auf den Pfaden von Fuchs und Dachs, neben dunklen Seen, in denen das Glitzern der Sterne eingefangen und in die silbernen Schuppen der Fische verwandelt wurde.

Er eilte durch steinige Flußbetten und über die farnreichen, vom Tau benetzten Felder. Er rannte mit den Winden, die über die saftigen Weiden von Royal Meath tanzten. Alles kleine Getier und jeder Vogel zog sich zurück, sobald er nahte, und der Habicht wurde um seine Beute betrogen. Regen, Wind und Sonne seiner Heimat sammelten sich in der Kraft seiner Glieder und in der gedämpften Farbe seines Haares, während er im Schatten der treibenden Wolken lief.

Dann endlich kam er an den Ort, wo die Tuatha Dé Danann ihr Lager errichtet hatten.

Er kauerte sich im Schutz des Waldrandes nieder und bemalte seinen Körper mit blauem Waid, weißem Kalk und dem Saft der roten Beeren. Er kalkte sein blondes Haar und drehte es, bis es fest wie ein Seil von seinem Nacken stand und wie die Mähne eines wilden Pferdes unter seinem Helm hervorsprang.

Dann kam Streng aus dem Dickicht hervor, um den Fremden zu begegnen, ein bemalter Riese, der Furcht in die Herzen jener brachte, die über die Scharen der Tuatha Dé wachten. Boten liefen mit der Nachricht von dem seltsamen Krieger zu Nuada, ihrem König.

„Ein großer Mann in Kriegsbemalung kommt allein zu unserem Lager", sagten sie. „Er ist gut bewaffnet und hat die Erscheinung eines großen Kämpfers."

Der König besprach sich mit Dagda, dem Übervater, welcher der weiseste der alten Männer der Tuatha Dé Danann war, und mit seinen erfahrensten Kriegern.

Dagda sprach:

JIM FITZPATRICK

„Da er allein ist, kommt er nur, um etwas über unsere Herkunft zu erfahren, woher wir sind, warum wir kamen. Laßt uns Breas, unseren Champion, aussenden, um mit dem Fremden zu sprechen. Es ist besser, seine Absichten zu kennen und ihn nicht gleich herauszufordern."

Und Breas the Beautiful, Sohn von Elathan the Immortal, verließ das Lager, um die Worte des Fremden zu vernehmen und seine Waffen zu begutachten, wie es in jener Zeit üblich war. Er ward angewiesen, nicht auf einem Gefecht zu bestehen und dem Kampf erst zu erwidern, wenn der Fremde ihn angreifen sollte.

4. DAS TREFFEN VON BREAS UND STRENG

Breas ging, er trug seine beiden großen Speere mit den tödlich scharfen Spitzen, sein Zweihänderschwert und seinen bronzeverzierten Schild. Seinen Helm zierte das Emblem eines Drachen, und sein aschblondes Haar glänzte darunter in der Nachmittagssonne.

Furchtlos näherten sich die beiden Helden einander; Streng prächtig in seiner Kriegsrüstung, Breas wunderbar in der Aura seiner Schönheit. Streng staunte über die riesigen Speere, die er zu sehen bekam, und stellte seinen bunten Schild auf dem Boden ab, damit er sein Gesicht und seinen Körper schützen konnte. Auch Breas blieb schweigsam.

Hoch oben in den Lüften, zwischen Meer und Gebirge,
War ich, Tuan, der unbemerkte Zeuge dieses Treffens.
Zwei Helden, der eine ein Krieger, mit Narben der Kämpfe,
Der andre ein Kämpfer, gesegnet mit Schönheit,
Trafen einander am kräuselnden Wasser.

Dann sprach Breas, der Krieger, der von den Tuatha Dé ausgesandt worden war. Er verkündete die Ankunft seiner Sippe. Als Streng vernahm, daß der schöne Fremdling in seiner eigenen Sprache sprach, löste sich der Knoten in seinem Herzen und er antwortete frei heraus:

„Ich grüße dich als Bruder, denn wir sind beide vom Stamme von Nemed. Erinnere daran, wenn du zurück zu deinem König gehst, denn wir beide teilen das selbe edle Blut. Laß weder Stolz noch Arg einen Schatten auf unsere Freundschaft werfen oder die Blüte unserer Rasse zerstören."

„Dann nimm deinen Schild beiseite", sagte Breas, „auf daß ich dich sehen und meinen Männern ein Bild von dir übermitteln kann."

„Das werde ich", sagte Streng, „es war nur die Furcht vor deinen scharfspitzigen Speeren, weshalb ich meinen Schild zwischen uns stellte."

Als Streng seinen Schild erhob, sprach Breas:

„Seltsam und tödlich wirken die schweren Wurfspieße, die du trägst. Ich würde sie gerne betrachten."

Also band Streng die Lederhalterungen seiner Craiseachs los und übergab sie Breas, der sie in seinen Händen wog.

„Wehe dem, gegen den diese eingesetzt werden. Tod liegt in ihren Hieben, Zerstörung in ihrem Stoß, tödliche Wunden in ihrer Härte." „Man nennt sie Craiseachs", antwortete Streng.

„Es sind wahrhaftig mächtige Waffen", sagte Breas, „sie verheißen aufgerissene und gebrochene Körper, klaffende Wunden, zerschmetterte Knochen, zerborstene Schilde und den sicheren Tod."

„So laß uns die Angelegenheit klären, bevor das Blut unserer Brüder die heilige Erde von Éireann netzt. Sage mir, wer du bist und woher du kommst."

Streng ging hinüber zu Breas, stand neben ihm wie bei einem Bruder und erzählte ihm die Geschichte der Fir Bolg, von ihrem Anführer Eochaí, der den Titel Ard-Ri – Hochkönig von Éireann – innehielt, und wie ihre Verbündeten, die Fir Domhnann und die Galeoin, ebenfalls von Nemeds Rasse abstammten.

„Auch wir stammen von Nemed ab", sagte Breas, „wir sind die Tuatha Dé Danann und Nuada ist unser König. Wir kamen aus dem Norden, in einer Wolke aus Dunst und magischem Regen, und wir segelten vom Himmel herab auf die gesegnete Insel von Éireann."

Streng konnte dies nicht glauben, doch er bewahrte Ruhe und sagte nur:

„Ich habe einen langen Weg vor mir und muß gehen, nenne mir deine Bedingungen, auf daß wir die Sache fest machen können."

„Dann gehe", sagte Breas, „Hier ist einer der scharfen Wurfspeere, die ich mit mir gebracht habe. Wir nennen sie Sleghs. Nimm einen und zeige deinen Männern, gegen welche Waffen sie zu kämpfen hätten."

Im Gegenzug übergab Streng Breas einen seiner schweren Craiseachs, damit er diese den Tuatha Dé zeigen könne.

„Berichte den Fir Bolg", sprach Breas, „daß sie uns die Hälfte von Éireann überlassen oder sich im Kampfe stellen müssen."

„Ich selbst", antwortete Streng, „würde dir lieber die Hälfte von Éireann überlassen anstatt deinen tödlichen Waffen gegenüberzustehen. Doch es ist nicht an mir, zu geben, denn ich muß zu Eochaí, meinem König, in Royal Tara zurück und von deinen Worten berichten. So lebe dann wohl, stolzer Krieger. Wir begegneten einander in Mißtrauen, doch wir scheiden in Frieden. Von diesem Tage an sind wir als Brüder verbunden."

Also kehrten Streng und Breas jeder zu seinem Stamm zurück, doch zuvor versprachen sie einander Brüderlichkeit und Freundschaft.

Ich, Tuan, kreiste auf meinen geschwungenen Schwingen hoch über den beiden Helden. Ich erinnerte mich an den Traum von Eochaí und an die furchtbare Metzelei der schwarzen Vögel.

Vergangenheit und Zukunft spiegelten sich in den glanzlosen Flächen meiner Augen. Und ich wußte, daß die Tage des Friedens in Éireann gezählt waren.

5. DIE BERICHTE VON STRENG UND BREAS

Etliche Tage und Nächte wanderte Streng zurück, durch Forste und Wälder, über Wiesen und Heide, bis er zuletzt den Hügel von Tara erreichte und vor seinem König Eochaí und der Versammlung der Stammesoberhäupter der Fir Bolg stand. Ohne weiteres, begann er zu sprechen:

„Jene besitzen magische Heerscharen. Feindselig und verwüstend sind ihre Helden, spitz und fest sind ihre Speere, breit und blutig sind ihre Klingen. Sie sind grausam und furchtbar zu bekämpfen. Es wäre weiser, die Insel gerecht zu teilen und ihnen gemäß ihres Wunsches die Hälfte zu geben. Denn sie sind von unserem eigenen Blut und dieses Land ist geheiligt und ihnen genauso geweiht wie uns."

Doch die Versammlung gab nicht viel auf Strengs Rat und gab nicht acht auf seinen weisen Vorschlag.

„Es ist unmöglich, ihre Forderung zu billigen", sagten die Fir Bolg, „denn wenn wir einmal nachgeben, werden sie am Ende alles Land beanspruchen."

Und ich, Tuan, spannte meine Schwingen auf, ruhte auf dem Wind über dem Lager der Dé Danann und hörte, was Breas vermeldete:

„Er war ein zorniger und starker Mann", sagte Breas, „mürrisch und erbarmungslos, und dennoch zäh und beharrlich und ohne Furcht vor irgendetwas auf dieser Welt. Er gab mir seinen schweren Speer, auf daß ihr alle wisset, wie die Fir Bolg den Tod und entsetzliche Wunden an all die austeilen, die sich mit ihnen in den Kampf begeben."

Nachdem sie diese Worte vernommen hatten, versammelten sich die Tuatha Dé Danann zu einer Beratung. Zuletzt erhob der König, Nuada, das Wort:

„Wir sind nicht länger sicher hier. So ziehen wir denn an die westliche Küste und erbauen dort ein Kampfeslager, das so gut gesichert werden soll, daß es jeden besteht, wer da auch komme – und seien es die Söhne der Kriegsgötter selbst."

Und so begaben sich die Tuatha Dé Danann westwärts über die Ebenen von Connacht, durch Forste und Wälder, über Hügel und Steinwüsten, bis sie die fruchtbare Ebene von Magh Nia erreichten.

Dort errichteten sie sogleich ihr Lager und verschanzten sich am westlichen Ende der Ebene in der Festung des Black Hill, mit dem großen Berg Belgatan in ihrem Rücken.

Nachdem das Lager befestigt war, sammelten sich alle Anführer der Tuatha Dé Danann und sprachen:

„Stark und fest sind unsere Wälle, unüberwindlich die Palisaden. Von hier aus werden wir unsere Kämpfe wie auch unsere Heerversammlungen vorbereiten. Von hier aus werden wir unsere Kriege führen."

Und noch lange danach sangen sie dieses Lied im Gedenken an jenen schicksalhaften Tag:

Wir verbergen uns im Schatten des schwarzen Hügels,
Wir ruhen an den breiten Flanken des Belgatan.
Von diesem Berg aus gehen wir hin,
Um gegen Feinde zu kämpfen, um Gegner zu plündern.
Wir Krieger stehen einem Beben gleich
Bei Belgatan, bereit die Knoten zu lösen,
Die den Geist an das Fleisch binden.

Und ich, Tuan, flog eine hohe Oberstimme zur Hymne der Helden.

Lebor Gabála

Teil III: Die Versammlung der Fir Bolg in Tara

1. DIE KLAGE VON TAILLTU

Als Eochaí, Hochkönig von Éireann und Kriegsherr der Fir Bolg, der Fir Domhnann, der Galeoin und der Cú Roi, vernahm, daß die Tuatha Dé Danann sich am Belgatan verschanzt hatten, war er höchst bestürzt.

„Wir müssen unsere Kräfte sammeln", sagte Eochaí, „und uns auf den Kampf um den geheiligten Boden von Éireann rüsten. Lasset Boten in die fünf Provinzen aussenden, auf daß wir eine starke Heerschar versammelt haben, wenn wir auf der Ebene von Magh Nia aufmarschieren."

In den folgenden Tagen kam Welle auf Welle von Kriegern in Royal Tara an, dem Sitz des Hochkönigs. Sie errichteten ihr Lager um den Hügel der Heerscharen. Aus Connacht kamen die Fir Domhnann und Galeoin; aus Mumha kamen Rua the Bloody und die Söhne von Miled; aus Ulster die Männer von Cú Roi; aus Laighin die Fir Bolg, angeführt vonStreng, ihrem Besten; und aus der Provinz des Königs – Royal Meath – kam die Armee von Sláine the Fair, dem Sohn von König Eochaí.

Aus der Wildnis von Ulster und den Weideländern von Mumha kamen sie nach Tara zur großen Heeresversammlung. Die Männer der Fir Bolg trafen einander zum ersten Male seit den Tagen ihrer Väter. Das Murmeln der Krieger schwoll zu einem gewaltigen Tosen, so wie die Wogen der See letztendlich gegen die Felsen der westlichen Küsten donnerten. So wie sich Scharen und Scharen von Vögeln an den Wiesen des Blackwater-Flusses versammeln, so schwärmten die Krieger um Royal Tara.

Tailltu, die Königin der Fir Bolg, stand vor dem königlichen Palast von Tara, und Tränen füllten ihre Augen, als sie der Heerscharen in all ihrer Schönheit und ihrer Furchtlosigkeit ansichtig wurde.
Abseits stehend sprach sie eine Elegie für die Helden:

JIM FITZPATRICK

„Meine Worte sind verloren, so wie Schatten in der Menge,
Meine Tränen rinnen ungesehen mit dem Tau.
Doch mögen die Götter meine Klage vernehmen,
Ein Schlachtgesang im Wiegenlied.

Nun wird der Herbst den Tod wohl ernten,
Und mancher Frauenarm bleibt leer.
Man klagt um Mann, um Liebsten, Sohn
Und ruft all die Verlorenen.

Mein König geht und tritt seinem Schicksal entgegen,
Und ich muß abseits steh'n und weinen.
Mein sorgenvolles Gesicht muß ich abwenden
Und die Heere vorbeimarschieren lassen."

2. WIE DIE BADB EINEN REGEN AUS FEUER UND BLUT ÜBER DIE HEERSCHAREN BRACHTEN

Es geschah, nachdem sich die Tuatha Dé Danann am Belgatan verschanzt hatten, daß sich die Badb – jene drei furchterregenden Kriegshexen Macha, Mórrigan und Nemain – auf den Weg nach Royal Tara machten, wo sich die Angehörigen der Fir Bolg zusammenfanden.

Mit der Kraft ihres Zaubers schlossen sie die Himmel und brachten Dunkelheit über den Berg der Heerscharen. Alle Vögel der Lüfte und alle Tiere des Bodens suchten nach Schutz und wurden still und leise.

Nur ich, Tuan, flog allein durch die unnatürliche Nacht.

Dann, als größter Schrecken von allen, begannen die gewaltigen Steine, die um die Ebene gestellt waren, zu singen. Und ihr Gesang wurde laut und lauter, bis er den qualvollen Schrei der Banshee heraufbeschwor, die nach den verlorenen Seelen der Verdammten rief, um den üblen Zauber der dreifältigen Badb noch zu mehren.

Eine gewaltiger Strom des Unglücks ergoß sich an jenem Tag vom Himmel, und Schatten von geflügelten Kriegern, verschmiert vom Blut, kämpften in donnergrollenden Wolken.

In endloser Folge, Reihe auf Reihe, marschierten Lanzenträger wie in einer Prozession in den sicheren Tod; dürre und sehnige Kreaturen nagten das Fleisch von den Körpern. Und über all diesen Gelagen des Terrors wachte Carnún, der gehörnte Gott, in der Gestalt eines schuppenhäutigen Drachen. Seine roten Augen glühten im Schatten seines gewaltigen aufgewundenen Körpers.

Ich, Tuan, wie ein Blatt auf den Winden dieses bösen Zaubers, hörte das Grausen, das aus den Herzen und von den Lippen der Fir Bolg hervorbrach, und sah, wie sich eine Finsternis aus Angst und dunkler Vorahnung tief über das Lager senkte.

Frauen und Kinder jammerten und weinten. Selbst stolze Krieger und furchtlose Helden erbleichten vom übernatürlichen Bild und den schaurigen Gesängen, die den dunklen Nachmittag erfüllten.

Vor ihren schreckgeweiteten Augen verwandelte sich der Schatten des gehörnten Drachengottes in roten Nebel und Regen aus Blut und Feuer, der vom aufgerissenen Himmel herunterrann, blonde Locken verschmierte und ebenmäßige Haut verbrannte.

Die Fir Bolg schlugen sich voll Seelenqual an die Brust und riefen in ihrer Verzweiflung die alten Götter an, denen lange schon entsagt worden war, auf daß diese Beistand gegen diesen mächtigen Zauber gäben.

„Weh!", riefen sie, „Es ist ein grausames Schicksal, daß uns der Zauber unserer Magier nicht gegen die Hexerei der Tuatha Dé schützen kann!"

Als aber César, Magier des Königs der Fir Bolg, vor den großen Stein von Tara trat, teilte ein mächtiger Speer aus Blitzen den Himmel.

Er rief Crom-Crúach an, den ältesten der Stammesgötter, doch sein Ruf verhallte ungehört im Kreischen der Banshee.

Drei Tage lang bemühte sich César, um seine Sippe gegen die dreifältigen Kriegshexen zu beschützen, und drei Tage lang lagen die Fir Bolg unter der todbringenden Wolke aus rollendem Donner und geisterhaften Schatten.

Der rote Regen fiel herab und der Atem des Todes füllte die Luft, doch noch immer rief César die Götter an. Er flehte die neun Erscheinungsformen des Uath Mac Immomuin an, für seine Sache Fürsprache bei dem Tier-Gott Baal einzulegen. Er webte seinen Bann in den Wind, das Wasser, die Erde und spann ein feines Geflecht der Magie, um die Kräfte der Badb zu durchkreuzen.

Es war die Nacht des dritten Tages, als César einmal mehr zu seinem ältesten Gott, dem verbotenen Crom-Crúach, betete.

In einem Kreidekreis stand er im Gras, umgeben von Hieroglyphen, Runen und Figuren, die er aus dem Torf vom Hügel der Heerscharen gebrannt und mit weißem Kalk, Waidblau und dem Rot von Ziegenblut bemalt hatte.

Kein Geisterschatten wagte, diesen Kreis zu betreten. Hier blies kein Wind, kein Blut regnete herab. Es war der magische Kreis, geschrieben mit der Zauberkraft, Magie und den blasphemischen Fähigkeiten Césars, dem magischen Prinzen und Druiden der Stämme der Fir Bolg.

Langsam, quälend langsam, hatte César einen Raum der Sicherheit vor der Hexerei der Badb gewonnen, wohin sich seine gepeinigten Leute flüchten konnten. Doch der dreifältige Zauber der Badb war so mächtig, daß selbst die stärksten Magien des großen César wirkten wie eine Handvoll Spreu gegen den östlichen Wind.

Er wußte, daß ihn seine Götter verlassen hatten. Nun standen nur noch seine eigenen geheimen Fähigkeit gegen die überwältigenden Kräfte der grauenvollen Badb.

Er erhob die geöffneten Hände gegen den dämonenüberschatteten Himmel und verschloß seine Ohren gegen das Kreischen der Steine.

JIM FITZPATRICK

„Crom-Crúach, Crom-Crúach!", flehte er in den Himmel, dann senkte er die Arme wieder und begann zu singen:

„Gewaltige Kreatur, aus Zeiten vor der Flut,
Ohne Sehnen, ohne Knochen,
Ohne Kopf, ohne Füße,
Ohne Fleisch, ohne Blut.
Gewaltige Kreatur, hinter den Sternen,
Älter als die menschliche Rasse,
Ich, César, von den Fir Bolg,
Rufe Dich, Oh Allgewaltiger,
Dich, dessen Weisheit die Erde formte."

Neun Male sang er seinen Anruf, und jedes Mal entzündete er eine der langen Wachsfackeln, die er in einem Kreis um jenen Hügel aufgestellt hatte, wo Eochaí und die Edlen der Fir Bolg warteten. Als er die neunte und letzte Fackel entzündete, begannen die Flammen zu flackern, wurden dann schwächer und schwächer, bis nur noch die feinen schwarzen Fäden ihres Rauches mystische Schriftzüge in den dämonenverhangenen Himmel schrieben.

Eine gespenstische Stille breitete sich über die Ebene aus. Die Menschen der Fir Bolg verstummten, als der blutige Regen vom Himmel nachließ und sich das Kreischen der Steine in ein gequältes Jammern wandelte, das wie das Heulen der Winde durch sturmgebeugte Bäume über die Ebene zog.

Als das Wimmern gänzlich verstarb, erhob sich ein grünliches Leuchten über der Schar der Fir Bolg. Es brannte mit furchtbarer Intensität und verlieh dem tanzenden Kerzenrauch seltsames Leben und seltsame Form.

Ein weiteres Mal betete César zu Crom-Crúach, betete in der lange vergessenen Sprache seiner Vorväter und schrieb gleichzeitig mit seinem dünnen silbernen Dolch ein magisches Symbol in den schwarzen Rauch hinein.

Hoch über ihnen wurde das grünliche Feuer so hell, daß es alle blendete, und niemand konnte jemals sicher sagen, was er an jenem Tage gesehen hatte.

Doch ich, Tuan, flog in jener Nacht ohne Flügelschlag über dem Hügel von Tara und ich, Tuan, wurde Zeuge von Dingen, die kein Mensch beschreiben kann.

Das grünliche Feuer formte eine gleißend helle Kugel, während César seine gewagten Anrufungen wie das Knurren eines wilden Tieres sang, die Lippen dicht an die Zähne gepreßt. Während sich die grünliche Kugel drehte und kreiste, entstand ein alptraumhafter Dämon im brodelnden Inneren: Crom-Crúach, der große Lindwurm aus Mythen und Legenden, schlängelte sich aus der Dunkelheit des Rauches.

Wieder begannen die stehenden Steine von Tara zu jammern und dann heulten sie, als die Erde selbst im Grauen vor dem teuflischen Zauber aufschrie, der alle Elemente der Natur mißgestaltet hatte. Dann verließen die Schemen und Schatten, die von den Badb heraufbeschworen waren, die Himmel über Royal Tara mit dem Brausen des Windes, und die Stimmen der Steine verstummten. Nach drei Tagen und drei Nächten des Schreckens und der Bestürzung hatte César den Zauber der grauenvollen Badb gebrochen.

Ich, Tuan, der unsterbliche Urahn, der große Adler, schlief in jener Nacht friedlich in meinem Horst, doch die alten Götter mischen sich nicht ohne Preis oder Absicht in die Belange der Menschen, und ich, Tuan, wußte, daß die Fir Bolg und César, ihr großer Magier, eine schwere Schuld bezahlen würden.

Obwohl die Zeit für die Fir Bolg finster und furchterregend gewesen war, schöpften sie Mut aus dem Erfolg ihres Magiers und sammelten die Armeen für den Angriff auf das Lager der Gegner.

Als sich die Krieger der Fir Bolg mit denen der Galeoin, der Fir Domhnann und den Männer von Cú Roi, Laighin und Connacht vereinten, zählten sie elf Kampfesscharen unter der Führung von Eochaí, dem Hochkönig. Nachdem die Armee mit Vorräten ausgestattet worden war, marschierten sie westwärts über die Insel zu der Ebene von Magh Nia.

An ihrer Spitze stand Eochaí,
Mit ihm Streng, der Schwertmeister
Und Sláine, sein Sohn.
Es folgten dann
Fatach, der Poet,
César und seine Druiden,
Rua the Bloody und die Söhne von Miled
Und hinter ihnen die Heerscharen der Fir Bolg.

3. DIE ZUSAMMENKUNFT DER TUATHA DÉ DANANN

Die Sonne versank mit goldenem Glanz hinter dem schwarzen Hügel von Belgatan. Von den großen Seen stiegen weiße Nebel auf, breiteten sich über die Ebene von Magh Nia aus und dämpften das Leuchten des grünen Grases und der purpurnen Heide.

Zwei Tage lang hatte ich, Tuan, der große Seeadler, in den Meeren hinter den Moher-Klippen gefischt. Nun kehrte ich zurück, um den Kampf und die Geschichte auf den Ebenen unter mir zu beobachten.

Aus dem sich rötenden Abendhimmel flog ich über das dunkle Land. Ich sah, wie die Armeen der Fir Bolg am Eingang der Ebene aufzogen, während sich die Streitkräfte der Tuatha Dé Danann am Fuße des großen Berges Belgatan verschanzt hatten, der von der untergehenden Sonne mit einer goldenen Aureole gekrönt wurde. Doch als ich ihm entgegenflog, schluckte die Finsternis der Nacht alles Licht, und nur ein entferntes Grollen und Murmeln des Donners war noch zu vernehmen.

Die Tuatha Dé entfachten ein großes Feuer gegen die Beklemmung der Nacht; unheimliche Schatten tanzten auf den Erdwällen, die den Fuß des Belgatan umfaßten.

Nuada, der König, starrte in die Flammen und erblickte dort Bilder des anstehenden Gemetzels, den Tod vieler mutiger Kämpfer, den furchtbaren Preis, der für das Land seiner Vorväter gezahlt werden mußte.

Er war am Cnoc Nemed gewesen, dem heiligen Berg von Nemed, und hatte so seinen Geassa oder Schwur erfüllt, den er in der Zeit seiner Ausbildung zum Krieger durch Scathach, die Kriegsgöttin von Skythia, gegeben hatte. Er hatte seine Gefolgschaft, das Geschlecht von Nemed, zurück nach Éireann geführt, er hatte mit den Geistern seiner Vorfahren gesprochen, er hatte zu seinen Göttern gebetet. Doch nun, wo er seinen Eid erfüllt hatte, war keine Zeit mehr für Frieden und Feierlichkeit, denn die Stunde seiner endgültigen und schwersten Prüfung war nahe.

Hinter ihm saß die Versammlung der Tuatha Dé Danann schweigsam um den rötlichen Schein es Feuers. Der Tod – sie wußten es – saß bei ihnen. Er wartete darauf, den Preis zu kassieren, den sie für die Einnahme ihrer Heimat zu zahlen hatten.

Ich, Tuan, kannte ihren Stolz und ihren Schmerz.
Auch ich war ohne Heimat und fern von allen Verwandten,
Mit Gedanken an vergangenen Ruhm, an verfallene Hallen,

JIM FITZPATRICK

JIM FITZPATRICK

Moosbewachsene Festungen, gefallene Helden.
Als sich die Mannen von Parthalon zum Konzil versammelten,
Da wurden meine Worte gehört und mein Rat gesucht.
Das Leben und Sterben von vielen Kriegern
Lag in der Ausgewogenheit meiner Worte.
Als Führer meiner Männer war es mein Schicksal,
Die, die ich liebte, in der Blüte ihrer Jugend
Dem Schmerz des Kampfes und dem sicheren Tod auszuliefern.
Nun füllten ein schweres Geheimnis und unausgesprochene Trauer
Das Herz von Nuada, da auch er
Dem Tag seines Verhängnisses entgegensah.

4. NUADA ZÄHLT DIE GROSSTATEN DER TUATHA DÉ DANANN AUF

Zuletzt endlich wandte sich Nuada seinen Kriegern zu und sprach: „Es ist besser, hier zu kämpfen und zu sterben, als für immer in den fernen Landen des eisigen Lochlann zu leben oder in Skythia verfolgt zu werden. Besser ein Krieger zu sein und frei im grünen Lande von Éireann zu leben als ein Sklave ohne Rang und Rechte in einem fremden Land.

Ich war am heiligen Berg, ich habe mit unseren Vorfahren gesprochen, ich habe zu unseren Göttern gebetet. Die Götter haben uns tausend Prüfungen auferlegt, und wir haben sie alle mit Mut und Geschick bestanden. Wir erstürmten die Städte in Skythia und plünderten das Land der Philister. Auch wenn sie uns oft an Zahl überlegen waren, so triumphierten wir doch durch göttlichen Willen und die Kraft unserer Arme.

Wir haben gegen gewaltige Flotten auf dem Meer und gegen kolossale Armeen auf dem Land gekämpft. Die Götter des Meeres haben unseren Schiffen brausende Stürme engegengeschleudert. Wir haben sie gemeistert. Die Winde haben uns mitgenommen, wohin sie wollten, aber sie konnten uns nicht zerstören. Wir haben Königreiche gestürzt und den Untergang über unsere Feinde gebracht.

Die Assyrer, deren Streitkräfte an Zahl alle Rassen dieser westlichen Inseln übertreffen, haben unsere Verbündeten, die Athener, geschlagen. Und auch wenn wir niemals solch gewaltige Horden zerschlagen könnten, so haben wir uns einen blutigen Pfad durch ihre Reihen auf unserem Weg nach Skythia geschlagen. Auch das war eine lange und bittere Reise. Viele gaben auf diesem langen Marsch nach Norden ihr Leben, doch immer waren wir siegreich.

Wir, die Rasse von Nemed, durchzogen für viele Jahre die Ebenen von Skythia und kämpften viele Schlachten, bis wir am Ende durch maßlose Steuern von diesem Land vertrieben wurden. Unter den vielen Stämmen von Skythia fanden wir nicht nur Gegner, sondern auch Freunde, und mit diesen Verbündeten wurden wir noch stärker und abenteuerlustiger. Als wir über Cimmeria und Hyperborea zu den gefrorenen Nordlanden von Lochlann zogen, kamen sie mit uns. Für sieben Jahre blieben wir in den dunklen und eisigen Gefilden des Nordwindes und lehrten die edlen Nordmenschen vieles von unserem Wissen, unserem Zauber und unseren

Fertigkeiten der Kriegsführung. Doch niemals konnten wir unser Heimatland von Éireann vergessen mit seinen tanzenden Bächen, dem Vogelgesang in den Hainen, dem sanften Nebel und dem warmen Regen.

Wir haben die Jahre des Leides und der Entbehrungen überlebt, unterstützt durch die Visionen unserer Seher und Druiden, die Hoffnungen unserer Menschen und die Prophezeiungen über die Rückkehr in dieses unser eigenes angestammtes Land.

Darum verzweifelt nicht, wenn die überlegenen Armeen der Fir Bolg aufziehen. Werft eure Ängste mit euren Speeren über die Ebene! Viele Jahre waren wir nun auf Wanderschaft, viele Länder haben wir bis zu diesem Tage gesehen. Mit einem Sieg wird diese Insel uns gehören und eine Heimat für unsere Kinder und die gesamte Rasse von Nemed sein.“

Die Worte von Nuada, ihrem König, rührten an den Herzen der Helden, und wie aus einer Kehle ließen sie einen gewaltigen Kriegsruf erschallen, dessen Echo von der dunklen Flanke des Belgatan widerhallte.

Ich, Tuan, hörte den Kriegsruf hoch oben in meinem Horst und teilte das Frohlocken der Helden der Tuatha Dé.

Dann erhob sich Breas, der größte Held der Tuatha Dé Danann, und gab folgenden Ratschlag: „Lasset uns unseren Mut mit List und Zauberkunst vermengen, auf daß der Sieg wirklich unser sei.

Lasset die Badb in jeder Nacht das Lager der Fir Bolg besuchen und deren Kämpfer durch die Schönheit ihrer Körper und den Zauber ihrer Verführungskünste ablenken.

Lasset Dian-Cecht, unseren Heilkundigen, einen Brunnen der Heilung bereiten, lasset die Druiden ihren Zauber vorbereiten.

Lasset unsere Waffenschmiede und Handwerker für die Anfertigung und die Reparatur unserer Kampfgeräte bereit sein.

Teilt eure Krieger und Anführer in Stämme und Clans, auf daß jeder Mann an der Seite seines Bruders kämpfe und ihn niemals verlasse, wie hart die Schlacht auch werden möge. Jede Kampfeslinie wird die andere unterstützen und im Wechsel kämpfen, auf daß unsere Front niemals durchbrochen werde.

Lasset jeden Mann den Befehlen seines Kommandanten folgen, sei er nun Krieger, Edelmann oder Stammesoberhaupt, denn ein jeder besitzt die Verschlagenheit einer Katze und den Mut eines Berglöwen. Kein Mann soll sein Leben ohne Ehre lassen, sich in Gefangenschaft begeben oder auslösen lassen, denn jeder, der gehorcht und dem Feind entgegentritt, braucht keine Furcht vor Gefangenschaft und Erniedrigung zu haben.

Nun bereitet euch also für den Krieg vor. Bemalt eure Körper, schärft eure Speere, wetzt eure Schwerter, stellt eure Schilde und Bindungen ein, bindet eure Keulen und Äxte.

Macht alles fertig für die Tat, und wenn sie kommt, so seid vor allem sehr geduldig, denn wir werden den Feind nicht in Eile schlagen; eher werden wir versuchen, die Fir Bolg in die Irre zu führen, und sie hinhalten und verwirren, um sie zuletzt dazu zu bringen, ihre gigantische Armee zu teilen und zu zerstreuen.

Nehmt eure Schilde und die schwere Last eures Schicksals auf, richtet eure Gedanken auf edle Taten und den sicheren Sieg, denn der Kampf, wenn er dann kommt, wird lang und blutig sein. Die glühenden Scheite des Feuers barsten und ein Flammenstoß stieg in die Höhe, so daß Breas in seiner Kriegerrüstung hell erleuchtet wurde. Es wirkte so, als wäre ein junger Kriegsgott aus dem Schatten unendlicher Nacht getreten.

Es war auf dieser Versammlung, daß Nuada entschied, Gesandte zum Lager der Fir Bolg zu schicken, um ein letztes Angebot zur Vermeidung der Konfrontation und des sicheren Gemetzels zu unterbreiten. Caibre, Ai und Édan, die Druiden der Tuatha Dé, wurden als Gesandte ausgewählt und begaben sich zum Zelt von Eochaí, dem König der Fir Bolg.

„Wir sind gekommen", sagten sie zu Eochaí, „um nochmals die Zweiteilung des Landes zwischen uns zu fordern, die gerechte Aufteilung von Éireann unter allen Kindern der Rasse von Nemed."

„Haben die Edlen der Fir Bolg das vernommen?", fragte Eochaí.

„Wir haben.", antworteten diese, „Doch die Tuatha Dé Danann können bis zum Tag der Verdammnis warten, ehe ihre Forderung erfüllt wird."

Und so waren die Würfel für den großen Kampf von Magh Nia – später die erste Schlacht von Moy Tura genannt – gefallen.

Ich, Tuan, faltete meine Schwingen und ruhte eine Zeitlang, denn es war in jenen alten Tage üblich, daß jede Armee Waffen für die andere Seite vorbereitete, auf daß der Wert der Männer und Helden entscheidend sei, und nicht die Fertigkeiten von Hexern und Waffenschmieden.

Den Gesandten der Tuatha Dé wurde Gastfreundschaft gewährt. Es galt ein Waffenstillstand, bis alles Kampfgerät bereit stand und alle Gefechtslinien gezogen waren.

Die Druiden begaben sich zurück und berichteten Nuada und den Dé Dananns von den Worten der Fir Bolg. Die Nachricht darüber, daß die Fir Bolg das Land nicht mit ihnen teilen wollten und Gunst und Freundschaft abgewiesen hatten, rief Entsetzen hervor.

„Dies ist wirklich ein Tag zum Beweinen", sagte Breas traurig, „denn diese grimmigen Krieger sind von unserem eigenen Fleisch und Blut."

Lebor Gabála

TEIL IV:
DIE ERSTE SCHLACHT
VON MOY TURA

1. DER HURLING-WETTKAMPF VON MAGH NIA

Nach der Hinauszögerung des Kampfes konnten die ungeduldigen Herzen der jungen Krieger die Anspannung des Wartens auf die Vorbereitung der Waffen kaum mehr ertragen. Also begaben sich Rua the Bloody und die 27 Söhne des Stammes von Miled westwärts an das andere Ende von Magh Nia und forderten die Tuatha Dé zu einem Hurling-Wettkampf heraus.

Auch die Jungen der Tuatha Dé waren auf einen solchen Wettkampf begierig, denn Hurling war ein Spiel der Kraft und des Geschicks. Doch sie waren keine Gegner für Rua und die harten Männer aus den Bergen. Sie hatten gerade erst ein einziges Cúl erzielt, als der Grimm der Fir Bolg über sie kam wie eine Flutwelle.

Die Geschicklichkeit und Schnelligkeit der Dé Danann hatte der brutalen Kraft und resoluten Wildheit von Rua und seinen Männern nichts entgegenzusetzen, viele Knochen wurden gebrochen und junge Haut bekam Schürfungen und Kratzer. Die Tuatha Dé hatten das Spiel bald verloren, und Rua und seine Mannschaft hinterließen die Blüte der jungen Hurler der Tuatha Dé Danann tot oder schwer verletzt auf dem Felde liegend.

Es war ein Spiel, das in den Herzen der Tuatha Dé Danann großen Groll gegen Rua und die Söhne von Miled hinterließ. Noch an diesem Tag beschlossen sie, ihre Rache auf dem Schlachtfeld von Magh Nia zu nehmen. Der Steinhaufen des Spieles trägt den Namen des Ortes, an dem sie aufeinandertrafen, und Glen Cairn Aillem ist der Ort, wo die Toten begraben wurden.

JIM FITZPATRICK

Ich, Tuan, sah den Wettkampf aus der luftigen Höhe meines Horstes am Belgatan und ich teilte das Leid der Frauen der Tuatha Dé über den Verlust ihrer Söhne und Hurler und über die Erniedrigung, die sie erfahren hatten müssen.

Doch Eochaí, Hochkönig der Fir Bolg, war über den Sieg höchst erfreut und rief nach Fatach, seinem Poeten:

„Gehe in den Westen und erfrage bei den Edlen der Tuatha Dé Danann, wie die Schlacht morgen gehen wird – ob es einen Tag des Kampfes geben wird oder mehrere."

Fatach ging zum Lager der Dé Danann und stellte, nachdem er in Gastfreundschaft empfangen worden war, die Frage an Nuada, Dagda und Breas.

„Wir haben entschieden", antworteten diese nach einer Beratung, „auf einen gleichen Kampf mit gleicher Anzahl auf beiden Seiten."

Nun war es an Eochaí, bekümmert zu sein, als er dies vernahm, denn er wußte, daß der Vorteil bei den Fir Bolg und ihrer überlegenen Anzahl gelegen hatte. Doch da es eine althergebrachte Sitte war, dem Gegner die Wahl der Waffen und der Kampfesart zu überlassen, mußte der Forderung der Tuatha Dé Danann Folge geleistet werden.

„Lasset uns nach Nert Chu, unserem Strategen, rufen", sagte Eochaí, „wir werden seinen Plänen folgen, denn er ist weise und hat die Wege des Krieges wohl erlernt."

Auf die Anweisung von Nert Chu errichteten die Fir Bolg ein starkes Fort und bauten einen Brunnen der Heilung, um die Wunden der Krieger schließen und heilen zu helfen, und füllten ihn mit Kräutern.

Das Fort wurde später unter dem Namen Fort der Blutseen bekannt, wegen der Seen von geronnenem Blut, die die Verwundeten, Sterbenden und Toten umgaben.

Als diese Erdarbeiten verrichtet waren, ihre Waffen bereit lagen und die Kampfplanung abgeschlossen war, gaben die Fir Bolg den Tuatha Dé bekannt, daß sie zum Kampfe bereit wären.

„Die Anlage der morgigen Schlacht liegt bei euch", sagten sie den Dé Danann, „Was werden eure Züge sein?"

„Wir werden uns in der Mitte der Ebene von Magh Nia treffen, jeder mit vier Bataillonen!", antworteten die Tuatha Dé Danann.

2. DIE KRÄFTE WERDEN GESAMMELT

Es war der Tag des Mittsommers, als sich die Heerscharen mit dem ersten Sonnenlicht erhoben. Rechtschaffene Krieger nahmen ihre herrlich verzierten und bemalten Schilde auf und banden ihre Hartholzlanzen und ihre schweren Wurfspieße mit Lederriemen an ihre rechte Hand.

Als die Sonne stieg, rann ihr goldenes Licht auf einen Wald aus Schwertern und goß einen feurigen Glanz über das Metall.

Schulter an Schulter, bemalt und bewaffnet für die Schlacht, folgten die Fir Bolg ihren Stammesführern nach Magh Nia, um den Feind zu treffen.

Fatach, der Poet der Fir Bolg, trat aus den dichten Reihen heraus, um die Kampfeswut der ankommenden Bataillone anzustacheln und ihre Stimmung zu heben. Sein vielfarbiger, mit Quasten verzierter Mantel blähte sich im Ostwind, sein Gesicht war bleich, das graue Haar und der Bart waren gekalkt und trugen weiße Spitzen, so daß er wie der Gott der Zeit und der vorübergehenden Jahreszeiten aussah. In der Mitte der weiten Ebene hatte er eine große Steinsäule aufgestellt. Nun stand er bei ihr, hob seinen Stab vor den vorüberziehenden Scharen, rühmte ihre Bedeutung, erinnerte sie an vergangene Siege und rief zu noch größeren Taten des Mutes in der anstehenden Auseinandersetzung auf. Doch als die Armeen an ihm vorüberzogen, konnte er die Tränen seiner Seelenqual nicht länger zurückhalten und schrie in seiner tiefen Traurigkeit hinaus:

„Mit welch noblem Zeremoniell sie erscheinen. Sie gehen und sammeln ihre furchtlose Streitmacht auf der Ebene von Magh Nia. Doch die Armee der Tuatha Dé nähert sich gegen die fein geschmiedeten Schwerter meiner Brüder.

Die Badb, durstig nach Blut, lasten schwer über dem Kampfesfeld und dort, wo jetzt die Fir Bolg in allem Stolze stehen, werden allzubald zerschmetterte und zerrissene Körper liegen.

Morgen werden die Überlebenden weinen, wenn sie die abgetrennten Köpfe ihrer Freunde, Brüder, Söhne und Väter mit Pomp und Stolz als Kriegstrophäen aufgestellt sehen müssen.

Noch lange, nachdem diese Schlacht gewonnen oder verloren ist, werden Säulen stehen, die an die Siege der Schwertkämpfer und den Tod der Helden erinnern. Wo jetzt das Gras noch hoch steht, werden bald hunderte von Säulen stehen, und Magh Nia wird fortan als Moy Tura bekannt sein, als Ebene der Säulen."

Den Fir Bolg gegenüber stand die Armee der Tuatha Dé Danann, ein fester Wall aus starken Schilden und todbringenden Waffen. Die Sonne tanzte auf ihren bronzenen Geschirren und ließ sie hell und strahlend wie Juwelen erscheinen, die auf der Ebene verstreut worden waren. Sie waren viele, wie die gesprenkelten Vögel, die in den Eichenwäldern leben, zahllos wie die Blüten der Bergheide.

Ich, Tuan, sah sie so zum letzten Male in der Fülle ihres Stolzes, ihrer Schönheit und ihrer Jugend; wie Juwelen, wie wilde Vögel, wie Blumen. Doch ihre Herzen schlugen hoch im Zorn und in Gedanken an das Gemetzel; und sie waren ruhelos wie die Fliegen, die am Nachmittag über die Wiesen schwärmen.

Nuada und seine skythische Leibwache befanden sich vor der Kampflinie, und ihre Federbüsche aus Roßhaar wehten im Wind. Aber das Privileg, die Helden in die Schlacht zu führen, gehörte an diesem Tag Dagda, dem Über-Vater, der auf seinen mächtigen Schild gestützt an der Spitze der Armee stand.

Als die Reihen der Edlen, Prinzen, Druiden, Kommandanten, Stammesführer und Krieger endlich aufgestellt waren, marschierte die Armee der Tuatha Dé Danann über die Ebene von Moy Tura auf die vorgehenden Heerscharen der Fir Bolg zu.

JIM FITZPATRICK

Während sie vorrückten, schlugen sie mit Schwertern, Speeren und Streitäxten auf ihre Schilde und brüllten ihre Kriegsrufe über die Ebene. Sie erfüllten die Luft mit dem wilden Geheul ihrer Kriegshörner und dem schrecklichen Klang der lederzüngigen Kriegsfanfaren. Ihre marschierenden Füße ließen große Staubwolken entstehen. Zwischen ihren Reihen eilten die drei beängstigenden Priesterinnen des Krieges, die Badb, umher, angetan mit schwarzen Roben und roten Schleiern, das Haar wehend und fliegend, in den Händen schwarzrauchende Fackeln.

Bataillon auf Bataillon der Tuatha Dé marschierte auf die Fir Bolg zu, wie mächtige Wellen, die an den zurückwerfenden Strand prallen.

Ich, Tuan, war Zeuge von all diesem Geschehen, ich hörte die Rufe der Stammesfürsten und sah die Linien leuchtend glänzender Krieger, die prächtigen, flatternden Banner. Ihre metallenen Kettenhemden und die bronzenen Rüstungen glitzerten wie Wellen unter der Sonne und überfluteten das Grasland mit scheinendem Gold.

Die Armeen der Fir Bolg kamen in Schweigen von Osten, eine nachdenkliche, bedrohliche Schar, haßerfüllt auf ihren Feind durch die Worte von Fatach, ihrem Poeten.

Als sie näher kamen, schien es den Fir Bolg, als hätten die Hügel um die Ebene eine Stimme gefunden und den Kriegsruf der Dé Danann übernommen, so gewaltig war das entgegenkommende Kampfgeschrei.

Zum Entsetzen der Tuatha Dé sprang eine Bande riesiger Krieger nackt und in Kriegsbemalung aus den Reihen der Fir Bolg hervor – furchtlose Männer der Berge, die wie die Wölfe nach einer Beute heulten.

Die Herzen der Tuatha Dé froren, denn sie wußten nun, daß der Kampf wirklich hart würde und keine leichten Siege gegen solche Gegner errungen werden könnten.

In einer einzigen Bewegung teilten sich vier Kampfgruppen aus jeder Armee ab und standen dem Gegner gegenüber.

Mit festem Willen gingen beide Seiten aufeinander zu, und das Gefecht begann mit einem Zusammenprall von Schwertern, Speeren und kämpfenden Männern. Die Buckel der Schilde trafen aufeinander und gewaltiges Gebrüll hob an.

JIM FITZPATRICK

JIM FITZPATRICK

3. DIE SCHLACHT VON MOY TURA BEGINNT

Ich, Tuan, der Seeadler, kreiste über dem Schlachtfeld, aber die große Staubwolke trübte die goldenen Ringe meiner Augen, und ich hörte nur die Geräusche und den Tumult, das laute Klingen der Schwerter und das Scheppern der Brustpanzer.

Ich hörte die Schreie der Sterbenden, vermischt mit dem Triumphgeheul ihrer Besieger.

Als ich tiefer durch die Kampfeswolke flog, sah ich, wie der Stolz und die Schönheit von Tapferkeit und Jugend im Gemetzel des Krieges verloren gegangen waren. Die Erde schwamm im Blut, als Köpfe von Schultern abgetrennt wurden und Körper wie splitterndes Holz zerbrachen.

Die wilden Männer der Berge aus der Armee der Fir Bolg waren die ersten beim Töten an diesem Tag, als ihr Stammesoberhaupt, Nert Chu, im Einzelgefecht Aidleo von den Tuatha Dé Danann metzelte. Die Umfassung ihrer Schilde löste sich, so wild war ihr Kampf, ihre Schwerter brachen über den Griffen und ihre Lanzen zerbarsten.

Die Tuatha Dé hielten stand. Jeder Krieger drängte sich mit der Kante seines Schildes, dem Schaft seiner Lanze oder dem Griff seines Schwertes so dicht an seinen Nachbarn, daß sie einander beinahe verletzten.

Die nackten Krieger der Fir Bolg wurden langsam zurückgezwungen, als Dagda, gefolgt von seinen Leibwächtern, einen Sensenhieb durch die Reihen der Bergmänner führte, breit genug, daß einhundertundfünfzig Männer in Richtung der nördlichen Seen folgen konnten.

Zur selben Zeit führte Rua eine wilde Attacke gegen die linke Flanke der Tuatha Dé und wendete das Blatt. Die schweren, spitzen Lanzen stachen in die unbeschildeten Seiten ihrer Gegner, Grausen breitete sich wie ein Buschfeuer in den Reihen der Dé Danann aus und ihre Linien brachen auf. Doch selbst inmitten ihres Terrors hielten sie ihren Boden, obgleich sie von Rua und seinen erbarmungslosen Mannen von Miled umzingelt waren. Und jeder von ihnen wurde niedergestochen, so wie die scharfe Klinge des Winters die Blumen im Felde mäht.

Rua und die Armee der Fir Bolg kamen wie eine Sturmflut über die Krieger der Dé Danann, bis der Boden dicht und hoch mit ihren Toten bedeckt und die Erde schlüpfrig von ihrem Blut war. Die Nachhut der Tuatha Dé Danann kämpfte tapfer weiter, doch mit Ende des Tages waren sie geschlagen und ihre Reihen aufgelöst, als sie sich in ihr Lager zurückzogen.

Die Fir Bolg verfolgten sie nicht über das Schlachtfeld, sondern kehrten guten Mutes in ihr eigenes Lager zurück. Jeder von ihnen brachte einen Stein und einen abgetrennten Kopf mit sich und legte ihn vor Eochaí, dem Hochkönig, ab, bis ein großer Cairn entstanden war.

Dann sprach Eochaí zu seinen siegreichen Heerscharen:

„Möge dieses Monument unseren Sieg bekunden und ihn für immer am Leben erhalten.

Möge es ein Zeichen unseres Mutes sein, denn heute haben wir so grimmig gekämpft wie der wilde Eber, der mit dem Rücken zum Berg steht und mit einem einzigen Angriff durch die Reihen der Jagdhunde und Jäger, die ihn verfolgt hatten, hindurchsprengt.

Mögen die Menschen dieses Monument noch sehen, wenn die Namen derer, die gekämpft und verloren haben, schon längst vergessen sind. Mögen sie sich an unseren Namen erinnern, den Namen der Fir Bolg, den Namen der Helden, die gekämpft und gewonnen haben."

Am westlichen Rand der Ebene richteten die Tuatha Dé eine Steinsäule auf, die Pillar of Aidleo benannt wurde, zu Ehren des ersten ihrer tapferen Soldaten der gestorben war. Nuada sprach zu seinen Männern:

„Heute wurden wir geschlagen, aber wir haben gut gekämpft und solch eine einzelne Niederlage ist keine Schande für stolze Menschen, wie wir es sind. Rafft euren Mut zusammen, denn die Zeit der Heldentaten und der Kühnheit ist nun gekommen, eine Zeit der Helden, um Kraft und Kriegskunst darzulegen.

Morgen werden wir triumphieren, seid nicht bang, denn die anderen haben heute ihre stärksten Krieger eingesetzt, während wir die unsren noch zurückgehalten haben. Wenn die Sonne wieder aufsteigt, werden wir zwischen sie fahren wie die Sense auf dem Feld, die die Ähren von den Halmen schneidet."

Dann sammelte Nuada die Heiler der Tuatha Dé um sich. Sie brachten Heilkräuter mit sich, die sie zerstießen und in den Brunnen der Heilung streuten, bis das kostbare Wasser dick und grün geworden war.

Sie trugen ihre Verwundeten zum Brunnen und badeten sie darin, bis diese wieder hergestellt waren.

Auch die Fir Bolg bedienten sich geheimer Heilpraktiken, und so waren am nächsten Morgen alle Krieger, die das Gefecht überlebt hatten, wieder wohlauf und erfrischt.

4. DIE GESCHICHTE VOM CAIRN DES SCHWERTKÄMPFERS

Am nächsten Morgen ging Eochaí, der Hochkönig der Fir Bolg, allein zum Brunnen, um vor der anstehenden Schlacht ein Bad zu nehmen.

Als er sich über das Wasser beugte, wurden die glänzenden Reflexionen der Sonne von dunklen Schatten überdeckt. Eochaí drehte sich um und erblickte drei seltsame Fremdlinge, die Schulter an Schulter in voller Kriegsrüstung vor ihm standen. Mit grimmigen Blicken forderten sie ihn zum Kampf.

„Ich bin unbewaffnet gekommen, um im Brunnen zu baden", sagte der König, „gebt mir wenigstens die Zeit, um zu meinen Waffen zu greifen."

„Es kann keinen Aufschub geben", sagten die Fremden, „denn die Zeit des Kampfes ist gerade jetzt."

Mit maßvollem Schritt bewegten sie sich auf den unbewaffneten König zu, der hilflos wie ein Kind dastand.

Da sammelten sich die Strahlen der Sonne vor ihm wie ein Schild, und aus der Helligkeit trat ein vierter Krieger hervor und blickte die drei Fremdlinge an.

„Ihr werdet gegen mich kämpfen, nicht gegen den König.", sagte er.

Und so kämpften die vier Krieger gegeneinander, bis jeder einzelne von ihnen erschlagen war.

Die Fir Bolg hörten das Klirren der Waffen und kamen zum Brunnen gelaufen. Doch die Fremden lagen bereits in der Brüderschaft des Todes. Eochaí beugte sich über seinen unbekannten Schwertkämpfer und seine warmen Tränen fielen wie Regen auf das kalte Antlitz.

„Wer ist dieser mutige junge Held, der sein Leben für meines eingesetzt hat?", fragte er.

Aber niemand konnte diese Frage beantworten.

Nur ich, Tuan, der ich auf dem goldenen Morgen ritt, wußte, daß der Tod unerbittliche Zeichen der Zeit setzt und seine eigenen Krieger aufstellt, um das wahre Schicksal eines Königs zu ordnen.

Die Fir Bolg aber wunderten sich weiterhin über den einzelgängerischen Fremden. Um seine Tapferkeit zu ehren, brachte jeder von ihnen einen weißen Stein zum Brunnen und errichtete somit einen großen Cairn über dem toten Körper.

Er wurde Cairn des Schwertkämpfers genannt und steht aufrecht bis zum heutigen Tage.

Lebor Gabála

TEIL V:
NUADAS TRAUM

1. DER ZWEITE TAG DER SCHLACHT

Der Tod hatte Eochaí für sein vorbestimmtes Schicksal verschont. Der zweite Tag der Schlacht von Moy Tura dämmerte über der Ebene der Steinsäulen.

Wie zuvor stellten sich die Bataillone der Tuatha Dé auf der westlichen Seite der Niederung auf, die der Fir Bolg im hellen Licht des Ostens.

Langsam, aber dennoch mit Ingrimm marschierten beide Armeen auf das Schlachtfeld, das Herz eines jeden Kriegers schwer und hart durch die Qualen und den Groll des gestrigen Gemetzels.

Und wieder störte zuletzt das Klirren der Schwerter die reine Stille des Himmels. Schilde krachten unter mächtigen Hieben, die Lanzen bogen und Speere zerbrachen. Splitternde Knochen trafen stumpf auf die scharfen Klingen vieler Schwerter. Die Schlachtrufe der Anführer wurden im Schreien und Stöhnen der Verwundeten und Sterbenden erstickt.

Die jungen Männer der Tuatha Dé kämpften mit beängstigender Begierde, um ihre Taten und Namen in einem noch ungesungenen Lied der Helden einzutragen. Selbst ältere Kempen, die mit dem Wegen des Krieges lange vertraut waren, erbleichten angesichts des furchtbaren Massakers, wo scharfe Klingen Schädel spalteten oder zerschmetterten.

Der Kampf schien sich ein weiteres Mal zugunsten der Fir Bolg zu wenden. Sláine the Fair, Sohn des Hochkönigs Eochaí, mähte einen Pfad durch die Reihen der Tuatha Dé, hieb in wilder Kampfeswut um sich schlagend Schilde zu Splittern und Köpfe in Hälften. Sein langes, blondes Haar war befleckt vom Blut seiner Opfer, und neben ihm spalteten Rua the Bloody und die wilden Mannen von Miled die glitzernden Reihen der Dé Danann.

Doch die Tuatha Dé Danann erinnerten sich an die bittere Niederlage und die Schmach des Hurling-Wettstreites und standen dagegen.

Aengaba of Lochlan erblickte den verhaßten Rua und übersprang mit einem einzigen Satz die Kampfeslinien, um den Schwertkämpfer der Fir Bolg im Einzelgefecht zu stellen. Jeder der beiden Krieger hielt seinen Boden, verteilte und empfing furchtbare Wunden. Doch Rua war alles andere als eine leichte Beute für den Flügelhelmbewehrten Nordmann, er gab Aengaba, der an diesem Tag vierundzwanzig Wunden vom Krieger der Fir Bolg beigebracht bekam, keinen Schritt des Bodens preis. Am Ende mußte Aengaba von seinen Truppen bewußtlos vom Felde getragen werden. Rua aber kämpfte weiter bis zum Einbruch der Nacht.

JIM FITZPATRICK

JIM FITZPATRICK

Es war Breas the Beautiful, Nuadas erster Schwertkämpfer, der sein Bataillon als nächster gegen die Fir Bolg führte. In seiner Raserei konnte ihm kein Mann entgegenstehen. Er war jung und stark, und sein Weg durch die Reihen der Fir Bolg war gepflastert mit Blut.

Obwohl Rua einen neuen Angriff startete, war alles vergeblich. Langsam wurden die Fir Bolg zurück auf ihr eigenes Lager zugetrieben. Als die Nacht hereinbrach, waren sie geschlagen. Doch wie zuvor brachte jeder Krieger einen Stein und einen Kopf, um ihn auf dem blutigen Cairn, den sie errichteten, abzulegen.

„Wart ihr es, die heute besiegt wurden?", fragte Eochaí, als er seine zurückkehrenden Kampfesführer umarmte. „Ja", sagte Rua.

„Doch es wird ihnen keine Freude bringen", fügte er hinzu, während er seine blutige Trophäe auf den Cairn warf, wo sie mit dem Gesicht nach oben liegenblieb, einen lautlosen Schrei auf den Lippen.

Ich, Tuan, einst ein wilder Eber, nun der große Seeadler, hatte meine Rotte über genau diese Ebene geführt. Wir folgten dem Duft der Heide und der Moore. Nun sah ich sie von genau den selben Kräften in ein trauriges, verwünschtes Feld der Steinsäulen und Cairns verwandelt, die mich zum geflügelten Bewahrer der Legenden gemacht hatten.

In der Nacht nach den Kämpfen wurden die Toten entkleidet und beigesetzt. Überall, wo ein Held erschlagen worden war, wurde eine Steinsäule errichtet, und um die Säule herum standen die Cairns der gefallenen Krieger. Es war eine schreckliche Nachtarbeit, das Wehklagen für die verlorenen Lieben schallte laut und weit in die Dunkelheit.

2. DER DRITTE TAG DER SCHLACHT

Der nächste Morgen brachte den dritten Tag der ersten Schlacht von Moy Tura. Diesmal war die Reihe an Cirb, dem jugendlichen, wohlbekannten Krieger der Fir Bolg, seine Kampfeskunst zum ersten Male unter Beweis zu stellen. Cirb sollte zusammen mit Streng und seinen zwei Brüdern die Armee der Fir Bolg am heutigen Tage führen.

Sie erhoben sich am frühen Morgen und reihten ihre Streitkräfte in der Ebene auf, die vier Champions an der Spitze ihrer Bataillone.

Geschützt durch einen aufrechten Wall aus Schilden und einen gleißenden Wald aus Lanzen bewegten sich die Fir Bolg auf die Gefechtslinie zu, die durch die Steinsäulen auf der Ebene gekennzeichnet war – die große Niederung, die von den Tuatha Dé Danann an jenem Tage als Moy Tura, Ebene der Steinsäulen, neu benannt wurde und auf diese Weise die Prophezeiung von Fatach erfüllte. Für jeden, der auf das Feld blickte, mußte es wie ein gigantischer Steinwald wirken, so zahlreich waren die Säulen, die das Licht der aufgehenden Sonne traf.

Einmal mehr wurden die Tuatha Dé Danann von Dagda angeführt, der das stille Aufziehen der Fir Bolg betrachtete.

„Mit eitlem Stolz und Ritual", sagte er, „versammeln sich die Fir Bolg zu ihrer Kampfordnung. Diese gewaltigen Kriegerscharen könnten leicht Furcht in die Herzen einfacher Sterblicher bringen. Sie bewegen sich wie Schnecken unter ihren Schilder-Häuschen und sind mit ihren glänzenden Speerspitzen stachlig wie die Igel. Doch genau wie die hartschalige Schnecke und der stachelbewehrte Igel besitzen sie weiche Bäuche unter ihrer Rüstung und sind trotz alles Pomps und aller Darbietung nichts weiter als Fleisch und Blut. Und heute haben wir einen Vorteil gegenüber ihnen, denn auch wenn sie von großen Männern angeführt werden – ihr werdet von einem Gott geführt."

Aus seinem stattlichen Bauch heraus ließ Dagda ein röhrendes Gelächter erschallen und führte seine Söhne, Brüder und alle Dé Danann über das Feld von Moy Tura. Die bewaffneten Kriegsgruppen waren bereit zur Zerstörung. Denn Dagdas Strategie war es, zunächst die Panzerung der Fir-Bolg-Formation zu zerschlagen und die besten Kämpfer aus seinen Reihen gegen die Steinsäulen und Pfosten zu plazieren, um den Feind dann durch seine Krieger auf diese Positionen zutreiben zu lassen.

Auf diese Weise, mit dem Rücken an der Säule, war jeder Champion gegen alles außer einer wilden Attacke von vorne geschützt, da der Feind bei jedem Schlag riskierte, daß sein Schwert am Stein zerschellen oder im Pfosten steckenbleiben könnte.

Der wilde Angriff der vier von Dagda geführten Bataillone zwang die Fir Bolg aus ihren Positionen, zerschmetterte ihre Schilde, ließ ihre Beschläge von der Mitte bis zum Rande bersten und zersplitterte ihre Lanzen vom Schaft bis an die Spitze, so daß sie sich gegen die Hände aufbogen, die sie gehalten hatten.

Als Cirb die Schreie der Todesnot von seinen Kriegern vernahm, die gegen die Säulen getrieben und abgeschlachtet wurden, unternahm er einen heftigen Ausfall aus dem Osten gegen die Armee der Dé Danann. Doch auch Dagda vernahm die Hiebe von Cirb, als dieser seinen Weg durch die streitenden Champions schnitt, und machte sich auf, um dem aufbrausenden Helden der Fir Bolg gegenüberzutreten.

Sie sprangen einander an wie eine Wildkatze auf die Beute. der folgende Kampf war grimmig, blitzschnell donnerten die kräftigen Hiebe gegen die Schilde.

Über den gesamten Tag hinweg kämpften sie unter den Strahlen der erbarmungslosen Sonne, die sie mit der Hitze auf ihren Rüstungen verbrannte. Doch zuletzt fand Dagda sein Ziel, und alles Gewicht der Bronze von Cirbs gekröntem Kriegshelm konnte den tödlichen Hieb nicht aufhalten, der sich durch Metall, Knochen und Gehirn fraß und die Sterblichkeit der Jugend auf dem durstigen Boden vergoß.

Schwer atmend stützte sich Dagda auf sein Schwert; ein Gutteil seines feisten Fleisches schien unter der Hitze dieses Gefechts dahingeschmolzen zu sein, und sein Schweiß hatte sich mit dem Blut des Bodens vermischt, auf dem sie gekämpft hatten. Doch er fühlte nur wenig Genugtuung, denn es liegt kein Triumph darin, das Feuer der Jugend zu tilgen, wenn es in einer solchen Leuchtkraft strahlt.

JIM FITZPATRICK

Obgleich Streng, der große Kriegsheld, seine Männer zu weiteren Ruhmestaten anzutreiben versuchte, waren die Fir Bolg durch Cirbs Tod so sehr entmutigt, daß sie langsam in Richtung auf ihr Lager zurückfielen.

Die Tuatha Dé verfolgten sie nicht, stattdessen nahm jeder Mann nach dem Vorbild der Fir Bolg einen Schädel und eine Steinsäule oder Pfosten und trug sie zurück zu Nuada, wo Cirbs Kopf dann auf die Spitze dieses Cairn gesetzt wurde, den Cairn of Cirb's Head.

Die Seelenpein ließ die Fir Bolg in dieser Nacht genausowenig ruhen wie die Tuatha Dé, selbst ihr Sieg konte die Trauer über den Tod von vielen ihrer besten jungen Krieger, die an diesem und den beiden Tagen davor gefallen waren, nicht überdecken.

Beide Seiten hatten einen hohen Preis für den Kampf zu zahlen, und die furchtbaren Cairns wuchsen in dieser Nacht ein weiteres Stück.

3. NUADAS TRAUM

Auch ich, Tuan, fand keinen Schlaf in dieser Nacht. Verkrochen in meinem Horst hoch oben auf dem Belgatan starrte ich in die Nacht.

Ich blickte hinüber auf das Lager der Tuatha Dé Danann und sah, wie ein riesiger Rabe durch den nächtlichen Himmel schwebte und sich auf dem blutverschmierten Kopf von Cirb niederließ. Die Schwingen des Vogels schimmerten blausilbern im Mondlicht. Dann flatterte er von seinem tödlichen Ruheplatz auf in die Finsternis, und als ich ihn verschwindn sah, erblickte ich plötzlich den Umriß einer Frau im Schatten von Nuadas Zelt, eine Frau, die dort stand, wo der Vogel gerade aufgeflogen war.

Es war Mórrigan, die Hüterin jener Träume, die sich in der Dunkelheit ihre Haare verwirrten, die Hausiererin des Todes, die Kriegshexe in bezaubernder Schönheit.

Und so geschah es in jener Nacht nach dem dritten Tag der furchtbaren Schlacht, daß die Badb Mórrigan ihre Formen der Hexe und des Raben ablegte und nun als sanfte Maid am Gemach Nuadas stand, ihre milchig weißen Brüste nur knapp von goldgefaßter, safrangelber Seide bedeckt.

„Komm' zu mir", sagte er. Und sie tat es. Lange lagen sie in dieser Nacht beieinander, bedeckt von einem Mantel der Dunkelheit. Nur der Mond blickte auf sie herab, wie das Auge eines grauen Gottes aus einen anderen Welt.

Während sie in der Umarmung des Lebens lagen, schaute der Mond teilnahmslos auf die toten Krieger, die in der ewigen Umarmung des Todes gefangen waren. Ihre Arme waren über die stillen Körper ihrer Kameraden gefallen. Hand berührte Hand – erstarrte Gesten, die jener Brüderlichkeit spotteten, die in hohen Herzen und mit warmem Blut geschmiedet worden war.

Nuada vergrub sein Gesicht in Mórrigans duftendem Haar. Die Gesichter der toten Krieger waren auf den Mond zugedreht, einige waren in der Maske des Schreckens erstarrt, andere wirkten auf aberwitzige Weise jugendlich, in einem ewigen Schlaf wie unschuldige Kinder, immun gegen Leid oder schreckliche Träume.

Zuletzt schliefen sie, und Nuada träumte. Doch seine Träume waren verdrießlich. Er sah mächtige Reiche entstehen und zusammenbrechen, die goldenen Türme sagenumwobener Städte im brausenden Meer versinken und riesige Armeen endlos über wüste Kontinente marschieren.

Sein Schlaf führte ihn zurück an den Beginn aller Zeiten, weit jenseits aller Erinnerung und Geschichte. Mit schlafwandlerischen Schritten wanderte er durch die unschuldige Helligkeit einer Welt, an die nur noch in Mythen und Legenden erinnert wird, in einer Zeit, da der Erschaffer der Menschen unter seinen Kindern weilte, der Himmel unter der Herrschaft der geflügelten Krieger der Dämmerung stand und die Erde von wunderschönen, bronzehäutigen Drachen regiert wurde, die in Palästen hausten, so groß, daß sie bis in die purpurnen Himmel hineinragten.

Dann änderte sich die Zeit wie ein sich schnell drehendes Spinnrad. Nuada erblickte, wie die frühe Schönheit jener Welt durch den Schmerz und Tod der Menschen gebrochen worden war, deren Leben nicht mehr als das Flackern im Auge eines Gottes war.

Er sah die Leiden seiner Vorväter, der Rasse von Nemed, den Kindern des Gottes Sonne. Er sah Conanns Turm bis auf die Grundfesten abbrennen und sah, wie die Überlebenden von Éireann aus in alle vier Himmelsrichtungen flohen. Und in seinem Traum hörte Nuada, der König der Tuatha Dé Danann, die Vorsehung seiner eigenen Geburt und wie er, der Herr des Schicksals, die verlorenen Kinder von Nemed zurück auf den geweihten Boden von Éireann, dem gesegneten Land, führen sollte.

Doch gleich nachdem er sich selbst in seinem Traum als Retter seiner Leute gesehen hatte, überkam Nuada eine Vision seiner Zukunft, ein Schreckensbild des Massakers an seinen Kriegern, deren tote Körper die blutgetränkte Ebene von Moy Tura bedeckten. Er sah die Cairns aus abgetrennten Köpfen, die um jedes Lager errichtet worden waren. Als sein geträumtes Ich sie ansah, öffneten sie ihre starren, rotgeränderten Augen, wendeten ihm ihre bleichen Gesichter zu und schrien wie mit einer Stimme:

„Genug!“

„Genug!“, weinte Nuada, als er erwachte, „Die reißenden Ströme des Blutes unserer Toten werden das Grün dieses heiligen Bodens für immer vergiften und die herrlichen Flüsse und Seen mit roter Galle überziehen, bevor wir dieses Land unser nennen können. Wir müssen alles tun, um die Flut des Todes einzudämmen.“

Gerade als seine Augen die Finsternis des Traumes durchbohrt hatten, sah Nuada, wie sich die goldhelle Schönheit von Mórrigan seinen Armen entzog und sich in die flackernden Schatten des Feuers stellte. Dort kauerte sie sich in Vogelmanier nieder und übernahm einmal mehr die Gestalt eines Raben.“

JIM FITZPATRICK

4. DER VIERTE TAG DER SCHLACHT

Während Nuada in jener Nacht durch Mythen und dunkle Träume gereist war, wurde die Trauer von Eochaí, Hochkönig der Fir Bolg, durch ein Versprechen auf Hilfe ein wenig erhellt. Aus den fernen Bergen von Circa Duibhue in Mumha waren Finten, seine Söhne und seine Armee aus angesehenen Kriegern zu den Fir Bolg gestoßen.

So fand der vierte Morgen der Schlacht von Moy Tura die Heerscharen der Fir Bolg in zuversichtlicher Stimmung. Die Zeichen der Stammesfürsten weckten den Kampfgeist in ihnen und sie sprachen einander Mut zu, um sich der Gefahr und dem Kampf erneut zu stellen.

An diesem Tag waren es Eochaí, der Hochkönig, und sein Sohn Sláine the Fair, die vorangingen und die Armee der Fir Bolg in die Schlacht führten.

Sie besetzten das Zentrum mit den Fir Bolg aus Laighin, die Heerscharen von Cú Roi übernahmen die linke und die Fir Domhnan aus Connacht die rechte Flanke; die Armee der Galeoin wurde dahinter aufgestellt. Die dreizehn Söhne des Fintan, alle kampfeserprobte Krieger, bildeten einen engen Kreis um Eochaí, einen strotzenden Wall der Kraft, auf daß sich dem Hochkönig kein Angreifer lebendig näherte.

Und so dämmerte der vierte und letzte Tag der Schlacht von Moy Tura, ein Tag von sich ändernden Farben und wechselhaftem Glück, meisterhaftem und erstaunlichem Waffenspiel; ein Tag des enormen Mutes und vieler schrecklicher Tode.

Die Kämpfe würden grimmig werden, erbarmungslos, schrecklich, knochenhart, hitzig und weitgreifend, verebbend und aufbrausend wie die gekrönten Wellen des brausenden Meeres.

Ich, Tuan, segelte hoch in den Lüften über dem Schlachtfeld. Ich sah, wie die beiden Armeen in einer großen, wabernden Staubwolke aufeinandertrafen, hörte wie sich das Triumphgeheul der Helden mit den Schreien sterbender Krieger vermengte.

5. DER TOTENGESANG VON FATACH

Kühn begaben sich die Fir Bolg zu den festgesetzten Pfeilern und Gefechtspfählen, die zwischen ihnen und den Tuatha Dé Danann aufgestellt waren. Die Fir Bolg fühlten sich machtvoll und stark durch die Kraft sterblicher Menschen.

Nuadas dunkle Träume hatten ihn vorsichtig gemacht. Er verwob seine Armeen der Dé Danann in ein enges Geflecht aus Weisheit und Verwandtschaft. Grauhaarige Veteranen, die mit dem Kampf vertraut waren, wurden neben zornige junge Krieger gestellt. Die jugendlichen Kämpfer, unerfahren, aber mutig, konnten den weiseren Alten neben sich vieles abschauen. Ältere Krieger und treue Diener wurden um und hinter die Blüte der Jugend der Dé Danann postiert, da der König sicher wußte, daß kein Vater den Tod seines Sohnes zulassen würde, solange noch ein Hauch des Lebens in ihm selbst wäre.

Seher, Zauberer und Magier standen auf den Säulen und Felsen im Umkreis, übten ihre Magie und sangen Gesänge der Verschwörung zu den Göttern, während die Poeten und Barden darauf warteten, Ruhmestaten aufzunehmen und in Liedern und niedergeschriebener Historie festzuhalten.

Die Fir Bolg waren entschlossen und unverzagt. Doch die verwegenen Dé Danann attackierten sie leidenschaftlich in enggeführten Kompanien, die unter dem Schutz der gesprenkelten, mit Bronze umfaßten, rabenverzierten Schilde kämpften.

Nuada selbst befand sich inmitten des Kampfgetümmels und versuchte nach Leibeskräften, das Gemetzel so kurz wie möglich zu halten. Seine Prinzen und Krieger waren um ihn gruppiert, wie auch die zwölf Söhne des Gabhran aus Skythia, seine Leibwache, schwarzmähnige Krieger von legendenumwobener Tapferkeit.

Sie hatten ihre Gefechtspfähle und Säulen aus scharfkantigem Stein um ihren König aufgestellt und ihre Körper mit Lederriemen und Eisenklammern daran angebunden.

Sie wußten, daß die Fir Bolg bald versuchen würden, sie zu vertreiben; das war genau ihre Kampfplanung.

Während der Kampf wütete, kam Fatach, der Poet der Fir Bolg, zu seiner eigenen Säule, blickte auf die Armeen, die von Osten und Westen aufeinander losstürmten, und sang seinen Totengesang:

„Die Heerscharen sammeln Mut und Kraft, um einander auf Moy Tura zu treffen.
Die gefleckten Schwerter der Fir Bolg schlagen mit dumpfem Klang
Gegen die schlichten Schilde der Tuatha Dé.
Meine Sippe wird viele ihrer Brüder
An diesem Tag verlieren.
Schädel und abgetrennte Glieder
Werden das Schlachtfeld beschmutzen.
Auch wenn die Fir Bolg niedergemäht werden,
Wie das Korn auf dem Felde,
Wird ihr Tod Klugheit und Tapferkeit ernten.

Die Fir Bolg werden besiegt werden.
Im Tode werden sie neben ihren zersplitterten Klingen liegen
Und ihren zerschmetterten Schilden.
Ich werde niemandem mehr vertrauen,
Solange ich im stürmischen Éireann bleibe.

Ich bin Fatach, der Poet,
Doch Kummer hat die Quellen meiner Lieder versiegen lassen,
Denn der Tod wird die Fortentwicklung meiner Rasse uneins machen.
Auch ich werden meinen Körper dem Schicksal
des Kampfes gegen die Fir Bolg übergeben."

JIM FITZPATRICK

Fatach sang sein Lied mit der Vorahnung eines Poeten und Sehers, hoch auf seiner Säule, über dem Feld. Unter ihm wogte noch immer der Kampf. Sein Tosen warf ein Echo über Moy Tura so wie der Donner, der sich in den Sturmwolken über Connacht sammelt.

Lebor Gabála

Teil VI: Nuadas Kampfeswahn

1. MORRÍGÁN KOMMT ZU NUADA IN DIE SCHLACHT

Während die Schlacht unter der gleißenden Sonne tobte, begab sich Mórrigan, die Krähe der Schlachten, in der Gestalt eines Raben zu Nuada und setzte sich auf dessen Kampfessäule.

Der Kampf rückte heran, und der Hochkönig legte seine Kriegsrüstung an.

Sein weißspitziges Haar floß wie ein bronzener Mantel unter dem gehörnten Kampfhelm hervor. Über seinen geflochtenen Umhang aus einer gewachsten Doppellage aus gehärtetem und mit gegerbten Lederriemen vernähtem Leder befestigte er sein zweifach geschmiedetes Kettenhemd.

Darüber schlang er seinen von der Taille bis zu den Achselhöhlen reichenden Kampfgürtel aus bestem gehärtetem Leder. Zuletzt bedeckte er seine Kettenrüstung mit einem Schurz von purpurnem Flachs, der mit gesprenkeltem Gold umsäumt war, und bemalte sein Gesicht mit den Zeichen von Herkunft und Rang.

Dann nahm er seine Waffen auf: Sein mit Runen graviertes Schwert mit dem Elfenbeingriff, der in der Form eines Mannes geschnitzt worden war, neun kleine Speere und neun scharfspitzige Lanzen, neun Wurfpfeile, neun Spitzeisen, Morgenstern und Streitäxte, seinen großen Rundschild, der einen so scharfen Rand besaß, daß er damit den Kopf eines Mannes von den Schultern abtrennen konnte, seinen hohen Verteidigungsschild und die beiden geschwungenen, schädelspaltenden skythischen Schwerter.

Wenn Nuada seinen Langschildsprung vollführte, konnte er die Deckung eines Gegners überwinden, indem er über die Oberkante seines eigenen Schildes sprang, wobei er seine kraftvollen Arme hoch erhob, um seine geschwungenen Klingen dann in einem großen Bogen auf den ungeschützten Nacken seines Rivalen zu schwingen.

Nachdem er sich für den Kampf gerüstet hatte, wendete sich Nuada zu Mórrigan, der goldenen Maid seiner Träume, die nun eine finstere, feiste Krähe des Todes geworden war.

„Nimm deinen runden, mit einem Raben gekennzeichneten Schild in deine Rechte“, sagte sie, „und schleudere ihn mir in die Lüfte nach.“ Mit diesen Worten flog sie hoch in die Luft über der Ebene von Moy Tura auf.

Mit einem gewaltigen Kriegsruf, der über die Niederungen schallte wie das Brüllen von tausend Kriegern, schleuderte Nuada seinen Schild hinter Mórrigan her. Sonderbarerweise wurde er größer und größer, je höher er

JIM FITZPATRICK

stieg. Er wuchs, bis er selbst die Sonne verdeckte und den hellen Tag in Nacht verwandelte. Und dort blieb er bewegungslos am Himmel hängen.

Allen, die ihn an jenem Tage sahen, schien es so, als wäre der Schild größer als die Sonne selbst. Sogar die Tuatha Dé, die den Zauber ihrer eigenen Magier erkannten, waren erschrocken. Doch die unnatürliche Finsternis schüchterte die Herzen der Fir Bolg ein und machte sie dadurch zu leichten Opfern der Badb, jener drei Kriegshexen, die mit einer Armee aus gespenstischen, den Himmeln entstammenden Monstern, Furien und Unholden auf ihre Feinde niederkamen.

Voran ritten die drei Kriegshexen Macha, Mórrigan und Nemain auf einem feurigen Streitwagen. Sie zogen einen gewaltigen Kreis über dem verdunkelten Kampfplatz und übergossen die Heerscharen der Fir Bolg mit einem Regen aus flüssigem Feuer von ihren gleißenden Fackeln. Direkt hinter ihnen zogen die grotesken Schauderwesen, die sie aus der Welt der Toten zusammengerufen hatten, über den Himmel.

Dann schrien sie wie mit einer Stimme durchdringend auf. Der Schrei brach sich an den Felsen und Wasserfällen und in allen Höhlen der Erde, bis es schien, als würde die ganze Welt in Todesangst aufstöhnen.

2. NUADAS KAMPFESWAHN

Da geschah es, daß der erste Anfall von Kampfesschauern über Nuada kam. Sein Körper wurde geschüttelt, und die Erde unter seinen Füßen bebte, während sich seine immaterielle Form in die eines monströsen, haarigen, wilden Ungeheuers verwandelte.

Giftige Nebelschwaden umkreisten ihn, Flammen schossen aus seinen Augen. Die Haare stellten sich auf seinem enormen Kopf zu ungebändigten Stacheln auf, die in einer spitzen und leuchtenden Aura in allen Farben der Erde in die Dunkelheit stachen.

Dann rief Nuada, in aller Glorie und allem Schrecken seines Sonnengottes, über die Himmel an die Reiter der Shí, die Heerscharen der Faerie. Und über die Himmel folgten sie seinem Ruf, eine Meute von grimmigen Kriegern, die lautlos auf geflügelten Pferden einritten.

Und so machte Nuada, erfüllt von Macht und Kampfeswahn mit seinen dunkelmähnigen, skythischen Leibwächtern einen Ausfall auf die zitternden Fir Bolg und schlachtete dreihundert von ihnen, deren Arme gelähmt vr Angst herabhingen.

Nur Streng, der erste Schwertkämpfer der Fir Bolg, hielt dem Ansturm der Tuatha Dé Danann stand. Streng kannte die Fähigkeiten der Tuatha Dé. Er hatte eine Bemalung gegen diese Form der Magie angelegt und trug seine drei scheibenförmigen, silbernen Talismane, um jegliche Form der Magie abzuwehren, mit der die Hexenmeister der Tuatha Dé an jenem Tage hätten aufkommen können. Er allein stand gegen Nuada und dessen Armee, er hatte entschieden, nicht eher zu fliehen, als sich seine Kampfessäule selbst entwurzeln und davonlaufen würde.

Zur gleichen Zeit geschah es, daß Breas the Beautiful, Sohn von Éalathan the Immortal und Champion der Tuatha Dé, einen Ansturm auf die Armee der Fir Bolg unternahm und weitere einhundertfünfzig von ihnen tötete.

Er schlug allen, die ihm entgegentraten, Arme, Beine und Köpfe ab, so wie ein Waidmann das Fleisch seiner Beute zerteilt, und mähte einen blutigen Pfad durch die Fir Bolg von Laigin, bis er vor Eochaí, dem Hochkönig, und seiner Leibwache, den Söhnen von Fintan stand. Auf ein Zeichen des Hochkönigs öffnete seine Leibwache einen Weg, da auch Breas über die Abstammung seiner mütterlichen Linie von königlichem Blute war. Nun stand er vor Eochaí, der sich glorreich in seiner scheinenden Kampfesrüstung aufgestellt hatte und schleuderte sein Schwert in den Boden vor dem Hochkönig der Fir Bolg. Mit einem Hieb seines eigenen Langschwertes zog Eochaí das Schwert seines Herausforderers aus dem Boden und reichte es diesem mit der Spitze seiner Klinge zurück. Breas schlug neun Schwertstreiche auf das lange, spiralenumfaßte Schild von Eochaí und empfing im Gegenzug neun Hiebe vom König. Daraufhin verließ Breas Eochaís Standort und nahm den Kampf mit den Kriegern auf.

Nun sammelte Streng seine Kämpfer und warf die Dé Dananns in einer mächtigen Konterattacke zurück auf ihre alte Position. Er stemmte sich durch die Reihen der Tuatha Dé und zog seine mörderische Spur bis zu Nuada.

Und so kam es, daß sich Breas plötzlich Aug in Aug mit Streng fand, doch wegen ihrer Geassa, ihrem Band der Verbrüderung, das sie bei ihrer ersten Begegnung vor dem Lager der Dé Dananns geschlossen hatten, kämpften sie nicht.

Breas grüßte Streng und kehrte dann auf seine eigene Seite zurück. Streng aber führte seine Attacke weiter. Obwohl er Breas unangetastet ließ, metzelte er alle, die sich ihm auf seinem Weg in das Zentrum der Stellung der Dé Danann entgegenstellten, nieder und ließ hundertfünfzig tote Tuatha Dé hinter sich zurück.

Genau wie Eochaí, der König der Fir Bolg, der im Einzelgefecht auf Breas, den Champion der Tuatha Dé Danann getroffen war, so gebot auch Nuada seine Leibwachen beiseite zu treten. Er erhielt neun Schwerthiebe von Streng, dem Champion der Fir Bolg. Streng mußte seinerseits aber neun Wunden durch Nuadas mächtiges, mit einem Elfenbeingriff versehenes Schwert empfangen, bevor er sich in seine eigenen Reihen zurückziehen konnte.

Das Blutvergießen ging weiter. Harte Speere erzitterten unter den Todesqualen jener Krieger, die von ihren scharfen Spitzen aufgespießt worden waren. Zerfetzte Körper hingen von zerhauenen Pfählen, die nur noch von blutverschmierten Riemen gehalten wurden.

Der Atem des Todes lag in der abendlichen Luft, als der Kampf von einer Seite des Schlachtfeldes auf die andere wogte. Schwerter krachten gegen die harten Ränder von Bronzeschilden, Lanzen und Speere flogen mit einem Singen durch die Lüfte. Viele heldenhafte und schöne Jünglinge lagen tot am Boden, während sich der Schweiß und das Blut alter Recken vermischten, die auf ihren Ruf in den Kampf warteten.

JIM FITZPATRICK

Ich, Tuan, fühlte die Qualen dieses langen Tages. Ich sah, wie hart geschmiedete Schwerter und kräftige junge Glieder wie Reisig unter der Axt des Forstarbeiters brachen. Helden schwangen wie hohes Gras im Sommerwind und wurden vom Tod geerntet. Der Ruhm war gewaltig, das Blutvergießen aber grauenvoll.

Und dennoch ging das Töten in der unnatürlichen Dunkelheit dieses Tages weiter.

3. NUADAS ZWEITER KAMPFESWAHN

Trotz der Dunkelheit, die drückend über ihnen hing, wuchs der Mut der Fir Bolg, als César, ihr Druide, gegen die Magie der Tuatha Dé Danann anwirkte. Wieder hatte César den gigantischen Lindwurm – Crom-Crúach – angerufen, und wieder hatte Crom-Crúach geantwortet. Gegen die Badb und die wehklagenden Reiter der Shí schickte der dämonische Drachengott das mißgestaltete Skelett des Sammlers der verlorenen Seelen. Dieser wuchs und wuchs, bis er den Himmel ausfüllte und die Reiter der Shí mit einem einzigen Fahrer seiner knochigen Finger vom Himmel wischte. Der hornschädelige Dämon brachte das Jammern, das die Fir Bolg so gequält hatte, blitzschnell zum Verstummen. Dann wandte er sich den drei Kriegshexen zu. Die Badb waren dem riesenhaften gehörnten Skelett bereits einmal begegnet, und zwar zur Zeit von Nemed selbst. Sie wußten nur allzugenau, daß ihr Zauber gegen die gewaltigen Mächte der furchtbaren Aussendung des Drachengottes Crom-Crúach nutzlos war. Eilends nahmen die Badb Rabengestalt an und suchten in den Bäumen der guten alten Erde nach Zuflucht.

Dann wurde Nuada von einer zweiten mächtigen Kampfesrage geschüttelt, und wieder war die Erscheinung des Sonnengottes sein. Von dem roten Edelstein in der Mitte seines gehörnten Helmes kam ein blendender Schein von lebendigem Feuerpulsierend und schimmernd. Auch das runengravierte Schwert des Lichtes, Claímh Solais, in seiner Hand wandelte sich von gedämpftem Silber in blutiges Rot, bis es in eben dem Rhythmus des Edelsteines zu pulsieren begann. Als sich ihm der Sammler der Seelen zuwandte, um ihn zu ergreifen, rief Nuada seine Vorväter um Kraft an und schleuderte das flammende Schwert mit einem markerschütternden Kriegsruf über den Himmel und genau in den Schädel des knochigen Ungetüms.

Mit einem Kreischen, das alle, die es vernahmen, erstarren ließ, verschwand der Sammler der Seelen im Inneren der Erde, an einem Platz, der nie von Menschen gesehen ward.

Ich, Tuan, Herr der Lüfte, kreiste hoch über Moy Tura, um dem Schrecken dieser grausigen Vision zu entgehen, deren furchteinflößendes Kreischen über die verdunkelte Ebene kroch, um von der Welt der Menschen in die Welt der Verdammten überzugehen.

JIM FITZPATRICK

JIM FITZPATRICK

Über die Ebene flog ich zum Lager der Fir Bolg, wo César, der Hexenmeister aller Legenden, vor seiner großen gravierten Säule stand und seine Gebete sang. Er hatte nach Crom-Crúach gerufen, und der Urgott, das wußte ich sicher, würde bald den Lohn für seine Dienste fordern.

Lebor Todála

TEIL VII:
DIE LETZTE SCHLACHT
UND TOD EOCHAÍS

1. CÉSARS TOD

Césars weißes Haar war plötzlich vom kalten Angstschweiß dunkel geworden. Die Strafe für den Mißerfolg traf ihn, ein Preis jenseits aller Vorstellungskraft. Er hatte Worte ausgesprochen, die ihm bei allen Gesetzen seiner Rasse verboten waren – Anrufungen an eine unzivilisierte und wilde Vergangenheit. Er hatte nach Crom-Crúach gerufen, dem Urgott, dessen Name niemals ausgesprochen werden durfte. Er hatte gebetet, daß dieser die Kraft des Zaubers der Tuatha Dé bannen solle, doch er hatte damit die göttliche Ordnung der Unterwelt verkehrt. Der Ingrimm, dem er sich nun zu stellen hatte, war nicht der von Sterblichen, war nicht der Ärger der anderen Druiden, nicht einmal der Zorn seines Hochkönigs, es war die Rage des Lindwurm-Gottes. Denn die Urgötter mischen sich nicht ohne Bezahlung in die Angelegenheiten der Menschen, und für sein göttliches Intervenieren hatte Crom-Crúach einen teuflischen Preis gefordert: Er hatte die Seelen der gefallenen Helden verlangt. Doch als er den Sammler der Seelen ausgesandt hatte, wurde dieser durch die überlegene Magie der Tuatha Dé Danann, den Druiden von Nuada, Kindern des Gottes der Sonne, abgewehrt. Crom-Crúach wand sich in der Qual der Erniedrigung, er würde nicht lange auf Vergeltung warten.

In seiner Furcht rief César die neuen Götter um Rettung an. Die Götter blieben still, doch über César sammelten sich Sturmwolken, die einmal mehr die Sonne verfinsterten – und César wußte, daß alles verloren war. In seiner Furcht versuchte er zu fliehen, doch der magische Kreis hielt ihn fest. Er weinte die Himmel an, doch sie spotteten seiner. Die neuen Götter würden die Gebete eines treulosen Menschen niemals erhören, gleich welche Kundigkeit er auch immer in der Magie erreicht haben möge.

Ein grüner Schimmer grenzte die Säule gegen die Dunkelheit ab, und ihre Schatten formten sich zu einer riesigen, kräftigen und dennoch beinahe unsichtbaren Hand, die César packte und vor der großen Säule niederzwang. In seiner Verzweiflung schrie er nach dem Herrn der Dämonen, doch der gespenstische Griff wurde nur noch härter. Das unheimliche Glühen wurde heller. Schleim lief an der geschnitzten Säule hinab, um langsam über César zu kriechen. Sein zitterndes Fleisch schmolz und wurde vom Schleim mit einem obszönen Schmatzen und Saugen verschlungen. Die Männer der Fir Bolg sahen mit Abscheu, wie ihr Magier sein Leben in einem dumpfen Wehlaut des Entsetzens aushauchte.

JIM FITZPATRICK

Ich, Tuan, flog von Césars furchtbarem Monument davon. Ich beklagte sein Dahinsiechen, denn er war kein schlechter Mensch gewesen, sondern nur durch die Liebe und Sorge um seine Männer und seinen König mißgeleitet worden. Ernüchtert über seinen furchtbaren Tod glitt ich durch die dämonenbeherrschte Nacht über das Schlachtfeld von Moy Tura, um über das Schicksal von Nuada, dem König der Tuatha Dé, zu wachen.

Solange Nuadas Kampfesrage andauerte, war er unbesiegbar. Doch nun, wo sie nachließ, sank er erschöpft auf den Boden von Moy Tura, umgeben von seinen getreuen skythischen Leibwächtern.

Als Streng dies sah, nahm er Rua the Bloody, die Söhne von Miled und die zwölf Söhne von Fintan mit sich, griff kühn die Linien der Dé Danann an und bahnte sich einen Weg zur Säule des Königs. Mit einem mächtigen Donner trafen ihre Schilde auf die von Nuadas Leibwächtern, den Söhnen von Gabhran von Skythia. Die Ebene bebte unter der Aggression ihres Aufeinandertreffens und die Skythianer kämpften beherzt, um ihren König gegen den furiosen Angriff von Streng und seinen Mannen zu schützen.

Während Nuadas Seele mit unsterblichen Wesen in den Himmeln kämpfte, lag seine sterbliche Hülle wie leblos auf der Ebene von Moy Tura, umgeben von seinen skythischen Leibwächtern.

Streng sah das, nahm die zwölf Söhne von Fintan, dem mächtigen Verbündeten der Fir Bolg, und attackierte Nuadas schwarzmähnige Leibgarde noch wilder. Nuadas Kampfesgeist wußte, daß sich sein sterblicher Körper in tödlicher Gefahr befand, und wurde aus dem Himmel zurück in den Kreis aus Steinen und Kriegern gezwungen, die seine körperliche Hülle umgaben.

2. DIE LETZTE SCHLACHT UND WIE NUADA SEINEN ARM VERLOR

Die Skythianer kämpften so grimmig gegen die wilden Attacken von Streng und seinen Mannen an, daß sich die Fir Bolg für einen Moment verliefen, so wie kochendes Wasser über den Rand eines Kessels schießen würde. Als seine mächtige Seele wieder in den Körper gefahren war, erstarrte Nuada und erhob sich dann auf seine Füße. Mit einer einzigen Handbewegung stoppte er den Kampf und drehte sich dann langsam um, um jenen Gegner zu treffen, den die Götter für ihn als Überbringer des Todes auserwählt hatten.

Und so wurde Raum geschaffen, auf daß Streng und Nuada einander allein im Schwertkampf begegnen konnten.

Langsam umkreisten sie einander, vorsichtig wie Wölfe, die sich an eine Beute pirschen, bis der Boden unter ihren Füßen weich geworden war. Sie kämpften den langen heißen Abend hindurch. Die dunklen Wolken über ihnen waren verpufft, da die Badb ihren Zauber zurückgezogen hatten, um den beiden Helden einen fairen Kampf zu ermöglichen.

Die Sonne stand auf ihrem Weg zu ihrem Ruheplatz in den westlichen Meeren, weit hinter dem Belgatan, noch immer hoch über ihnen.

Ihre Hiebe und Gegenhiebe klangen über das Schlachtfeld, während die Krieger den Atem anhielten. Nur die Stimmen der Sterbenden, die in ihren Todesqualen stöhnten, unterbrachen die Ruhe. Die Farben der Kriegsbemalung zerflossen in Blut und Schweiß, als die beiden Recken aufeinandertrafen. Morgensterne, Streitäxte, Speere, Wurfpfeile und Spitzeisen donnerten gegen starke Schilde, feste Kettenhemden und weiches Fleisch. Jeder fügte dem anderen dreißig Verletzungen zu, bevor Nuada, geschwächt durch die Anstrengungen seiner Magie, gegen seine Säule fiel. Die skythische Leibgarde band ihn mit Lederriemen aufrecht gegen den Pfosten. Mit einem letzten, trotzenden Kriegsschrei führte er einen gewaltigen Schlag gegen Strengs langes Schild. Im Gegenzug hieb Streng einen übermächtigen Schwertschlag hinter den Rand der Säule, der durch die Fassung von Nuadas Schild den rechten Arm des Königs traf, das Fleisch von den Knochen trennte und den Hochkönig der Dé Danann hilflos wie einen unerfahrenen Jugendlichen hinterließ.

Es geschah alsdann, da Nuada hilflos auf dem blutverschmierten Boden des Schlachtfeldes lag, daß Aengaba von Lochlann in den Tumult eingriff, um ihn zu schützen. Mit seinem geflügelten Helm und der glänzenden Kettenrüstung war er ein ansehnlicher Kämpfer, doch allzuschnell war sein schöner Anblick vom eigenen Blut verdeckt, während er seine Waffen hitzig gegen Streng führte. Mit seinem ersten Schwertschlag schlug er Streng den gehörnten Kriegshelm vom Haupte. Sie kämpften lange und erbittert, doch Strengs breite Klinge und seine scharfe Streitaxt verteilten tiefere, tödlichere Wunden. Sobald Dagda den Klang streitender Schwerter vernahm, machte er sich mit großen Schritten, wie ein mächtiger Wasserfall, zum Ort des Geschehens auf.

Streng aber lehnte es ab, gegen zwei Champions zu kämpfen. Doch obwohl Aengaba von Lochlann, der Herr der frostigen Nordlande, nicht an Ort und Stelle fiel, erlag er später der mächtigen Gewalt von Strengs Hieben.

Dagda stand über Nuada, seinem König, und nachdem sich die Tuatha Dé beraten hatten, rief er fünfzig Soldaten und Heiler herbei. Sie trugen den verwundeten König vom Felde, und die Schlacht wurde fortgeführt.

3. EOCHAÍS TOD

Die Tuatha Dé wurden durch das Unglück ihres Königs nicht in ihrem Kampfesmut geschwächt. Breas the Beautiful und seine Mannen erzwangen sich einen Weg durch die Reihen der Fir Bolg, um Rache für ihren König Nuada zu nehmen. Sie schlugen sich einen Weg bis zu dem Fleck, von dem aus Eochaí, der Hochkönig der Fir Bolg, den Kampf durch Ermutigung seiner Helden antrieb.

Der folgende Kampf war furchtbar, und Breas wurde von Eochaí so schwer verwundet, daß ihn seine Garde vom Schlachtfeld ziehen mußte.

JIM FITZPATRICK

Dennoch war die Stunde der Fir Bolg gekommen. Der Sand der Zeit war für sie abgelaufen. Ich, Tuan, der Seeadler, wußte, daß das Schicksal ihnen trotz all ihres Mutes den Sieg nicht zugestehen wollte.

Die ermüdeten Heerscharen der Fir Bolg wurden von den Attacken der De Danann unter Führung des mächtigen Dagda zurückgetrieben. Ihre schwankenden Reihen hielten zunächst stand, dann zerbrachen sie, und einstmals tapfere Krieger flohen wie Hasen vor einem Buschbrand.

Obwohl eine große Müdigkeit über Eochaí, den König der Fir Bolg, gekommen war, stand er dennoch fest an der Seite seines Sohnes Sláine the Fair und von Streng mit seinen Kämpfern. Die Tuatha Dé trieben die erschöpften Fir Bolg vor sich her wie ein Hirte die Kuhherde. Eochaí wußte allzugut, daß die Stunde ihrer Niederlage nahe war. Obwohl seine eigene Kampfreihe noch intakt geblieben war, war die Schlacht verloren.

„Unsere besten Krieger", sprach Eochaí traurig, „wurden erschlagen, unsere Männer abgeschlachtet, nun ist es an uns, tapfer zu sterben."

Und nach diesen Worten machten Eochaí, Sláine und Streng einen grimmigen Ausfall über das blutgetränkte Schlachtfeld und mähten Männer wie Grashalme nieder. Sie kämpften und kämpften, bis Eochaí zuletzt von Erschöpfung und Durst übermannt wurde.

„Bring Streng zu mir!", sagte er zu Sláine, seinem Sohn. Als dies geschehen war, sagte er: „Du und Sláine the Fair, ihr müßt den Kampf weiterführen, während ich mich auf die Suche nach Wasser begebe, um meine Lippen zu befeuchten und mein Gesicht zu kühlen, denn ich kann mit diesem großen Durst nicht weiterkämpfen."

„Wir werden weiterkämpfen", sagte Streng, „doch in eurer Abwesenheit sind wir nur wenige."

Dann verließ Eochaí den Kampfplatz mit hundert seiner Soldaten und Sláine the Fair hielt die Tuatha Dé davor zurück, seinen Vater zu verfolgen. Es geschah alsbald, daß er einen langen und ausdauernden Kampf mit Lughaí, dem Sohn von Nuada, annehmen mußte.

Die beiden jungen Krieger waren von den Kämpfen des langen Tages müde und entkräftet und zuletzt wurden beide von der Erschöpfung übermannt. In einer Geste des Waffenstillstandes nahm Sláine seinen Kriegshelm ab und sprach zu Lughaí:„ Lughaí, Sohn von Nuada, lasse uns nun innehalten und diesen zermürbenden, furchtbaren Kampf beenden."

„Aye", sagte Lughaí, „ich stimme zu. Wir beide haben unsere Herzen ausgekämpft, und unsere Männer sind beklagenswert müde von diesem schmerzlichen Konflikt. Viele gute Männer sind getötet worden, und es wird viel Wehklagen in beiden Lagern geben in dieser Nacht. Mütter werden um ihre Söhne weinen, Frauen um ihre Geliebten."

Mit diesen Worten zogen beide ihre verbliebenen Kämpfer vom Kampfesfeld zurück.

Ich, Tuan, sah, wie sich die beiden Recken, beides Königssöhne, auf einen Waffenstillstand einigten und ihre Krieger vom Schlachtfeld nahmen. Auf meinen kühnen Schwingen segelte ich hoch in den Lüften und über Belgatan, während der Schatten des Berges länger und länger über die Ebene von Moy Tura fiel.

Am Fuße des Belgatan, im Lager der Fir Bolg, wurden die drei Brüder des Lughaí, dem Sohn von Nuada, gewahr, daß niemand die Entehrung ihres Vaters durch die Hand von Streng gerächt hatte. Sie entschlossen sich, ihre Scharen zu sammeln und Eochaí zu folgen.

Als die Magier der Tuatha Dé sahen, von welch brennendem Durst Eochaí geplagt wurde, verbargen sie durch einen besonderen Zauber alle Ströme, Flüsse und Seen vor dem König und seinen Truppen.

Einhundertfünfzig Mann aus der Reserve der Dé Danann, unter Führung der drei Brüder von Lughaí, Sohn des Nuada, verfolgten die Fir Bolg, bis sie sie schließlich am Strand von Eochaill stellten. Sofort begann ein blutiger Kampf zwischen den beiden Armeen. Die drei Söhne von Nuada waren wild entschlossen, ihren Vater zu rächen, und dementsprechend heftig war ihr Angriff auf Eochaís ausgelaugte Krieger. Viele mußten auf beiden Seiten fallen, doch die Dé Danann waren frischer und gewannen bald die Oberhand.

Eochaí war es sehr wohl gewohnt, gegen eine Übermacht anzutreten, und sein letzter Ausfall gegen die Krieger der Tuatha Dé war wie das plötzliche Aufleuchten einer Sternschnuppe, die einen feurigen Weg über den nächtlichen Himmel zieht, bis sie zuletzt verglüht, dunkel wird und erlischt.

Es war sin letzter und sein heldenhaftester Kampf. Mit einem gewaltigen Brüllen wischte er die Feinde vor sich weg, schlachtete etliche der deutlich jüngeren Männer ab und trieb die drei Söhne Nuadas in das Meer. Die Fische flohen vor ihnen, während sie mit Äxten, Schwertern, Speeren und Messern aufeinander einschlugen, bis die Schaumkronen der Wellen rot vor Blut geworden waren.

Als der kampfeserprobte Veteran, der Eochaí nun einmal war, zerschmetterte er die Schilde von Nuadas Söhnen und hieb und stach in ihr ungeschütztes Fleisch.

Bevor er fiel, den Körper zerschunden und den Brustkasten von heftigen Schwerthieben geöffnet, metzelte er alle drei Söhne von Nuada in einem letzten Todesduell nieder.

Wo er fiel, wurde er auch begraben, und sein Cairn wurde Cairn Eochaí genannt. Die Grabsteine der drei Dé Dananns wurden am westlichen Ende des Strandes aufgerichtet, wo sie bis zum heutigen Tage stehen.

Ich, Tuan, beklagte den Verlust von Eochaí, denn er war ein gerechter und edler König gewesen, der erste, dem man in Éireann den Titel Ard-Rí – Hochkönig – verliehen hatte.

Doch das Schicksal stand nicht auf seiner Seite; die Ankunft der Tuatha Dé Danann und ihre Ansprüche auf die Insel hatten enormes Unglück über Eochaí und die Fir Bolg gebracht.

Und Streng, der größte aller Helden, führte den Kampf noch über einen Tag und eine Nacht weiter, obwohl seine Männer schon aufgegeben hatten. Zuletzt wurde aber auch er von der Erschöpfung überwältigt.

JIM FITZPATRICK

Inzwischen hatte keine Seite mehr genügend Kraft, um die andere anzugreifen. Ihre Schwertarme waren vom Gemetzel müde geworden, ihre Stimmung war schlecht wegen des großen Unglücks, das über sie gekommen war, wegen des Verlustes von Söhnen, Brüdern, Vätern und Blutsverwandten.

Und so zogen sie von der Ebene der Säulen ab; die Fir Bolg kehrten in ihr Lager im Osten zurück, die Tuatha Dé in ihre Festung am Fuße des Belgatan. Nun lag die blutgetränkte Ebene von Moy Tura einsam da; Dagda blickte über die Kampfessäulen und die Cairns der Toten und sprach diese Worte:

„Soldaten wurden getötet in unzähliger Menge.
Viele Wunden mußten ertragen werden von großen Helden.
Grausame Schwerter rissen die Schönheit von jungen Körpern.
Furchtbar sind die Verluste des Krieges.

Streng war hier der größte Held,
Auch wenn unser Heer die Schlacht gewann.
Denn unser König Nuada verlor einen Arm,
Doch der tapfere König Eochaí verlor seinen Kopf.

Erst jetzt sind wir endlich heimgekommen
Zurück in's Land unserer Väter, den Söhnen von Nemed.
Nach dem Krieg soll nun die Saat des Friedens gesät werden,
Und eine güldene Ernte auf diesem fruchtbaren Boden tragen.

4. STRENG VERSCHONT NUADA

Die Männer der Fir Bolg waren in jener Nacht voll Trauer und Leid. Jeder von ihnen hatte Söhne und Brüder, Blutsverwandte und Freunde begraben müssen. Steinhaufen wurden über den Körpern tapferer Männer errichtet, Cairns über Kriegern und Hügel über Helden.

Nachdem das geschehen war, riefen Streng und seine Brüder nach einer Zusammenkunft, scharten dreihundert kampfbereite Männer um sich und berieten, was zu tun sei: Sollten sie Éireann verlassen, einen weiteren Kampf anbieten oder das Land mit den Tuatha Dé Danann teilen. Die Versammlung stimmte dafür, den Dé Danann den Kampf anzubieten, doch Streng war dagegen und sprach:

„Widerstand bedeutet Zerstörung und den Tod weiterer tapferer Krieger. Der Kampf war gerecht und mutig, wir haben mit Stärke und Entschlossenheit gefochten. Es gab das Donnern der Schwerter, das Krachen der Speere, großen Ruhm und großes Blutvergießen.

Doch es war zuviel der Trauer und des Blutvergießens auf den grünen Ebenen von Éireann, zuviel Tod und Zerstörung in seinen bunten Wäldern. Zu viele gute Männer sind verloren. Lasset uns nach soviel Leid und Elend eine friedliche Lösung finden."

Doch die Krieger der Fir Bolg wollten nicht auf Strengs weise Worte hören und stimmten ein weiteres Mal für den Kampf. Also nahmen die dreihundert ihre festen Schilde, die tödlichen Speere und ihre scharfen, blauklingigen Schwerter wieder auf.

Sie unternahmen einen letzten wilden Ausfall über das Schlachtfeld bis zu den Dé Danann und schlugen sich einen Weg durch die Tore. Eine grimmige und entschlossene Kriegsgruppe brach da über die unvorbereiteten Krieger der Tuatha Dé herein und brachte Rache über sie, furchtlos über Schmerz oder Tod.

Und so war es schließlich an Streng, der diesen letzten und endgültigen Ausfall gegen seinen Willen angeführt hatte, Nuada zu einem Einzelgefecht herauszufordern, um den Kampf zu beenden, den sie in der vorhergehenden Schlacht begonnen hatten.

Nuada wendete sich trotz seiner schweren Verletzungen und den Schmerzen durch den Verlust seines rechten Armes, fixierte Streng so, als ob er vollkommen unversehrt wäre, widerstand den Angeboten der anderen, die für ihn kämpfen wollten und sagte mit fester Stimme:

Wenn du einen Einzelkampf nach fairen Regeln anstrebst, so mußt du deine rechte Hand festbinden lassen, denn ich habe meine verloren."

„Wenn du deine Hand verloren hast", antwortete Streng, „so besteht keine Verpflichtung mehr für einen Kampf, denn unser erstes Gefecht war ein ausgeglichenes Eintreten zu gleichen Bedingungen. Der Kampf war allein unser und ist also entschieden."

Mit dieser großmütigen Geste verschonte Streng Nuada vor Tod und Niederlage. Nach der Erklärung des Waffenstillstandes riefen die Tuatha Dé eine Versammlung, und stimmten dem Vorschlag von Nuada und Breas zu, daß Streng unter den Provinzen Éireanns wählen dürfe und daß ein Pakt des Friedens, der Ruhe und Freundschaft zwischen ihren Leuten geschlossen werden solle.

Streng stimmte dem zu und nach einer Beratung wählte seine Gefolgschaft die Provinz Connacht für die Fir Bolg, die Fir Domhnann und Galeoin, während es den Männern von Có Roi gestattet wurde, ungehindert in ihre nördliche Heimat zurückzukehren.

So übernahmen Streng und seine Sippe also die Provinz Connacht, einen herrlichen Platz, der aber teuer mit dem Blut tapferer Krieger von den Tuatha Dé erkauft werden mußte, während die Tuatha Dé Danann das Land von Éireann von den Fir Bolg übernahmen.

Und dieses war die Geschichte der ersten Schlacht von Moy Tura, der Ebene der Säulen und der Eroberung durch die Tuatha Dé Danann.

„Es wäre weiser gewesen, ihnen gleich die Hälfte von Éireann zu geben", hörte man Streng noch lange danach sagen, „denn wir haben in den Kämpfen nichts gewonnen, sondern beinahe alles verloren!"

Epilog

Nach der ersten Schlacht von Moy Tura wählten die Tuatha Dé Danann Breas the Beautiful zu ihrem König, denn obgleich Nuada sie nach Éireann geführt und die Schlacht für sie gewonnen hatte, verlangte es ihr Gesetz, daß ein körperlich versehrter Mann niemals ihr König sein solle – und Gesetze konnten keinesfalls gebrochen werden.

Doch die Regentschaft von Breas, dem Sohn von Elatan the Immortal von den Fomor, war eine unterdrückende Herrschaft, und die stolzen Dé Danann wurden gezwungen, Tribut an Balor of the Evil Eye, den König der Fomor, zu entrichten. In der Zwischenzeit war Nuada von Dian-Cecht, dem Heiler, ein silberner Arm angepaßt worden.

Er wurde von seinem Stamm wieder in die Regentschaft gesetzt und war von diesem Tage an in den Mythen und Legenden seines Geschlechtes als Nuada Airgitlámh – Nuada mit dem Silberarm – bekannt.

Er wurde von Balor of the Evil Eye in der zweiten Schlacht von Moy Tura erschlagen, doch auch Balor selbst wurde vom größten Helden der Tuatha Dé Danann – Lugh Samildanach – getötet.

Ich, Tuan, der große Seeadler, wurde in meinen vielen Leben Zeuge dieser grandiosen Ereignisse und gab sie über viele Jahrhunderte weiter, bis ich wieder zu einem Menschen wurde und als Tuan, Sohn von Carill, König von Irland, wiedergeboren wurde.

Als ich alt geworden war, erzählte ich meine Geschichte dem Priester Finnian of the Church of the Bells. Es waren er und seine Schreiber, die sie für die Ewigkeit bewahrt haben.

Diese Seiten sind nicht die Träumereien eines Dichters oder die Grübeleien eines Verrückten; sie sind mehr als halbgare Erinnerungen, die der Vergeßlichkeit der Zeiten entrissen wurden, sie sind wahre Historien von Helden. Dieses ist ihre Geschichte – und meine.

Ich bin Erinnerung die Mythos ward.
Ich bin Legende.
Ich bin Tuan.

DANKSAGUNGEN

In der folgenden Liste finden sich die wichtigsten Quellen zum Buch der Eroberungen.

1. The First Battle of Moytura – Herausgegeben und übersetzt von J. Fraser Eriu VII (1915-17) S. 1-63.
2. Forus Feasa ar Éirinn – Geoffrey Keating, Teile I-IV Irish Texts Society – Hrsg. D. Comyn und Rev. P.S. Dineen.
3. The Voyage of Bran – Herausgegeben. und übersetzt von Kuno Meyer, S. 294-301.
4. R.I. Best's Übers. von Fintan's Words, Ériu IV (1910), S. 124-172.
5. Anecdota from Irish Mss: Meyer – Hrsg. Bergin.
6. Eleanor Hull: Folklore XLIII (1932).
7. The Irish Mythological Cycle – übersetzt a. d. Französischen v. R.I. Best (d'Arbois de Jubainville) (1903).
8. The Book of Leinster, S. 10, Abs. 2, Zeilen 15-22, Cet Cath Maige Tured.
9. Lebor Gabála Éireann. The Book of the Taking of Ireland, Teile I-V, Herausgegeben und übersetzt von Professor R.A.S. MacAlister.
10. Early Irish History and Mythology, T.F. O'Rahilly, (1946) (1971).
11. Cath Maige Tuireadh – Herausgegeben und übersetzt W. Stokes Revue Celtique XII (1891) S. 53-71.
12. Cath Muige Tuiread – Hrsg. B.O'Cuív (1945).
13. Notes on Cath Muige Tuiread – G. Murphy, Éigse VII S. 191.
14. The Battle of Moytura, aus Gustav Lemacher Antropos XXVI (1931), S. 435.
15. Cath Muige Tuirreadh, Thurneysen Zeitschrift für Celtische Philologie XII, S. 401-6.
16. Táin Bó Cúailnge, Recension I, Herausgegeben und übersetzt von C. O'Rahilly.
17. Nennius: Historia Brittonum – Hrsg. T. Mommsen, übers. v. A.W. Wade-Evans (1938)
18. Mitra-Varuna: G. Dumezil (1948).
19. The Táin: übers. v. T. Kinsella (1970).
20. Celtic Heritage: Alwyn und Brinley Rees (1961).
21. Gods and Fighting men: Lady Gregory (1903) (1970).
22. Anciwent Irish Tales: Cross and Slover.
23. Irish Sagas: Myles Dillon (9168).
24. Myths and legend of the Celtic Race: Rolleston (1934).
25. Saga and Myth in Ancient Ireland: G. Murphy (1961).

Außerdem möchte ich folgenden Personen danken:
Hubert Schaafsma und Roger Dean von Dragon's World für ihre Begeisterungsfähigkeit und ihr Interesse, mit besonderem Dank an Hubert für seine Geduld und sein Verständnis für die Schwierigkeiten bei der Vorbereitung eines solchen Buches;
Deidre FitzPatrick, für ihre Hilfe auf allen Stufen der Arbeit (die dekorierenden Bordüren wurden in Zusammenarbeit mit Deidre vorbereitet);
Pat Vincent für die Herausgabe verschiedener Manuskriptauszüge und für sein Verständnis und seine Anteilnahme an dem Thema.

Zuletzt möchte ich auch der National Library of Ireland für die Überlassung ihrer hervorragenden Nachforschungsmöglichkeiten danken.